[英国] 罗杰・斯克鲁顿 著 刘华文 译

# 康德

牛津通识读本・

Kant

A Very Short Introduction

译林出版社

图书在版编目（CIP）数据

康德/（英）斯克鲁顿（Scruton, R.）著；刘华文译．—南京：译林出版社，2013.5（2025.7重印）
（牛津通识读本）
书名原文：Kant: A Very Short Introduction
ISBN 978-7-5447-2970-3

Ⅰ.①康… Ⅱ.①斯… ②刘… Ⅲ.①康德，I.（1724～1804）-哲学思想-研究 Ⅳ.①B516.31

中国版本图书馆 CIP 数据核字（2012）第 133549 号



著作权合同登记号 图字：10-2024-372 号

**康德 ［英国］罗杰·斯克鲁顿 / 著 刘华文 / 译**

责任编辑 何本国 陈 锐
责任印制 董 虎

原文出版 Oxford University Press, 2001
出版发行 译林出版社
地　　址 南京市湖南路 1 号 A 楼
邮　　箱 yilin@yilin.com
网　　址 www.yilin.com
市场热线 025-86633278
排　　版 南京展望文化发展有限公司
印　　刷 江苏凤凰通达印刷有限公司
开　　本 890 毫米 × 1260 毫米 1/32
印　　张 9.375
插　　页 4
版　　次 2013 年 5 月第 1 版
印　　次 2025 年 7 月第 16 次印刷
书　　号 ISBN 978-7-5447-2970-3
定　　价 39.00 元

# 序言

周文彰

一部赫然以《康德》作标题，用意明显在于全面评介康德的著作，区区只七万余字，能够说明问题吗？熟悉西方思想史的读者都知道，康德，作为德国古典哲学的开山大师，在其长达五十多年的学术生涯中，著述甚丰，卷帙浩繁。柏林科学院（原普鲁士皇家科学院）1902年起编辑的《康德全集》，截至1978年，已续至28卷。单是一部《纯粹理性批判》，后人出乎的研究著作，动辄就是洋洋几十万言，部头之巨，令人咋舌。

的确，英国学者罗杰·斯克鲁顿的这本书有它的特定论域。康德一生学术活动以1770年的教授就职论文为界，此前为“前批判时期”，此后为“批判时期”，而本书只述及“批判时期”。康德著作的内容涉及哲学（包括伦理学、美学）、逻辑学、人类学、教育学、法学、神学、自然地理、理论物理、数学、矿物学、力学等等，而本书只述及“批判时期”的哲学。不消说，指望通过本书来完整地了解康德，无疑是要失望的。

然而，这正是这本小书值得译介的原因所在。康德虽在众多领域都有其独特贡献，但使康德成其为康德的，正是他的哲学：在某种意义上说，康德的思想就是哲学，没有哲学就没有康德。而在其哲学中能使终身未离开过出生地柯尼斯堡的康德的名字越出国界、震撼欧洲、影响日后学院学术和公众意识的，正是以《纯粹理性批判》、《实践理性批判》、《判断力批判》这三大《批判》为标志的“批判哲学”。没有“批判哲学”，就没有费希特、谢林、黑格尔、马克思，我们亦很难断定当代西方哲学会是现在这般的格局——几乎当代西方所有哲学流派都与康德有千丝万缕的联系，不管这种联系是继承性的还是论战性的。[①]应该承认，《康德》作者抓住三大《批判》，的确是高屋建瓴地切准了康德。作者用两章篇幅介绍了康德的生平著作和思想背景之后，第三、四章评述了康德的《纯粹理性批判》中的认识（真）学说，第五章评述了康德的《实践理性批判》中的道德（善）学说，第六章评述了康德的《判断力批判》中的审美（美）学说，最后一章简述了康德哲学的评价问题及康德对后世的影响。本书以清晰、简洁的语言（虽然如此，但仍不那么好读，这是由研究对象本身决定的），考察了康德与莱布尼茨和休谟的关系、以及康德建立一种既非唯理论又非经验论但却能显示人类理智界限的哲学的企图：阐释了康德哲学的许多重要概念和基本思想，论述了康德对于艺术哲学的极富创造性但却是被人们低估了的贡献；作者强调康德的道德学说、审美学说与它们建立其上的形而上学基础之间的连续性。庞大的“批判哲学”体系就这样用寥寥数万言表述出来，本身就值得称道，因为把康德哲学通俗化、浓缩化，历来被康德研究家们视为颇伤脑筋的难题之一。从这个意义上说，这本小书无论对于初次涉猎康德哲学的新手，还是对于造诣颇深的康德专家，都将不枉一读。

不过，我倒想指出，任何一种思想史研究都是研究者与研

---

① 参见施太格缪勒：《当代哲学主流》（上），中文版，第16—19页。

究对象相互作用的“对话”过程，研究成果与其说是一种客观评述，倒不如说是研究者自己的一种主观理解。本书也不例外。这是需要提请读者注意的。况且，康德哲学是一个各种矛盾水乳交融的思想迷宫，而这些充满矛盾的思想又是通过晦涩艰深的文字表达的。思想本身的深邃与矛盾，加上语言表述上的晦涩与艰深，自然造成了无数难以廓清的理论疑窦，从而也给研究家们留下了无限多样的活动空间，有多少个研究者，就有多少个康德。毫无疑问，这也决定了康德研究是一个复杂、长期的课题。看来，我们对康德的许多传统理解需要加以冷静地反思。无疑，本书在这方面提供了不少有益的启示和联想。比如，就康德的现象和本体这对最重要也最难把握的范畴来说，我们通常是按辩证法的现象和本质的范畴理解的，并断言康德认为只能认识现象，本质不可知。康德也确有不少含混的界说和使用。对此，作者作了细心的考察和分析，按照这种分析的提示重新研究，可以发现，康德的现象实际上指表现自身的东西，真正显露的东西，从日常用品到基本粒子、遥远天体，都是现象，现象才是科学的对象，而一切现象都是实在的，可知的。本体不是一个对象概念，而是一个否定性概念、限制性概念，其职责是限制对象的范畴，约束感情的虚夸，提醒我们科学研究永远不会终止。它不是说存在第二个更高级的叫做本体的对象，科学不敢问津，唯靠启示才能把握。因此，康德没有给科学设置障碍。他说明的是，科学的合法领域是对象领域，而一切对象都是有条件的、现象的。如果是这样，康德关于“我觉得有必要否定知识，以便给信仰留下地盘”那个著名宣言就要重新评价了。事实上，海外学者早已提出，这里的知识是超出经验之外的知识，这里的信仰是“导向哲学洞见之理性中的信仰”，而非宗教信仰。[①]

又如,如何评价康德的哲学革命?作者对康德美学理论的重视,不禁使我想起几年前读过的一篇短文[②],文章认为,在认识论和道德哲学中,康德的革命是保守的。这个革命不是改变他那个时代的科学与道德,而是为现存的科学和道德进行新的革命的论证。只有美学革命是彻底的,这个革命彻底舍弃了他那个时代的艺术思想,把艺术从所有非艺术的条件和限制中解放出来,从而为下一世纪的艺术发展开辟了道路。在我们历来重视康德的认识论革命而低估其美学革命的特定背景下,上述观点不免有点耸人听闻,但却也发人深省:康德的美学理论的恰当位置到底在哪里?

以上文字仅是我同本书"对话"后的随感断想,读者以为然否?还是请读一读这本书吧!

---

① 参见[美]F. 马蒂:《宗教与哲学》,1979年英文版。

② [美]L.W. 贝克(国际康德学会副主席):《我们从康德那里学到些什么?》,《哲学译丛》,1982年第4期。

# 目录

# 修订版序

我在修订这本简明读本的时候参考了近期的研究成果，对无论是第一手资料还是第二手资料都尽量提供更为可靠的指南。我还在自认为不准确或容易引起误解的地方对文本进行了修改，并且新增一章来探讨康德的政治哲学——该主题自本书问世以来引起了越来越多的关注。我对康德所作的阐释绝不是唯一的一种。在变得愈加复杂的争议中我只能支持其中的一方。在延伸阅读指南中我列出了一些书目，这些书将会帮助修正这本小册子不可避免地所带有的片面性。

2001 年 1 月于马姆斯伯里

# 第一版前言

我试图用现代语言表达康德的思想,同时尽可能不预设阅读对象拥有哲学知识。康德是最为晦涩难懂的现代哲学家之一，我并不指望能让一般读者都能读懂他思想中的每个方面。他的思想的每个方面是不是有任何一个人甚至康德本人能够理解,这一点尚不清楚。鉴于康德哲学如此这般的深度和复杂性,只有浸淫其中才会理解那些问题的重要性和那些答案的想象力。康德期望划下人类知识的界限,感觉自己是被迫要超越这些界限。所以,如果为了欣赏康德的视域而不得不将这个小册子读上不止一遍,读者也会感到很正常。分享他的视域就是目睹一个转化的世界;获得这个视域不可能依靠一日之功。

这本书的初稿是在布拉格写就的。我感谢拉吉斯拉夫·海达内克,不仅是因为他邀请我在他的讨论会上讲绝对律令这个问题,还因为他是服从这一律令的榜样。让我受益匪浅的有鲁比·米格、马克·普拉茨以及多萝西·埃金顿,他们对后来的书稿提出了意见;还有伦敦大学我教过的学生们,他们在过去的十年里让我从教授康德哲学中获益良多。另外,让我难以言表的是,我曾受益于热情的伦卡·德沃夏科娃,这本书是献给她的。

1981 年 5 月于伦敦

# 缩略语[①]

引用的出处大多来自于推荐书目中的英语译本。但是译文如果会引起误导或不雅的话,我就用我自己的翻译。

A.《纯粹理性批判》第 1 版
B.《纯粹理性批判》第 2 版
P.《实践理性批判》
J.《审美判断力批判》
T.《目的论判断力批判》
G.《道德形而上学的基础》
F.《未来形而上学引论》
M.《道德形而上学》

对上述著作的页码标注根据的是标准德语版。还有就是在对《纯粹理性批判》的引用中,页码标注来自于第一版和第二版原有的页码。至于英语的翻译请看推荐书目。

我有时也会引用下面的著作:

---

① 为方便阅读,译文中用中文书名代替原文的缩略语。——编注

I.“就职论文”，收录于克弗德、沃尔福德和卢卡斯编的《康德：前批判著作选集》（曼彻斯特，1968）

K.《康德—埃伯哈德争论》，阿莉森著（巴尔的摩和伦敦，1973）

L.《伦理学讲演》，因菲尔德译（纽约，1963）

C.《康德哲学通信：1759—1799》，阿努尔夫·茨威格编译（芝加哥，1967）

R.《康德：政治学论述》，汉斯·赖斯编，尼斯贝特译（剑桥，1970）。其中包括我引用的三部作品：《“什么是启蒙？”问题的一个答案》（略作《什么是启蒙？》）、《论惯常说法："这在理论上为真，而在实践中无法适用"》（略作《惯常说法》）以及《永久和平：一个哲学速写》（略作《永久和平》）

对康德著作所作引述中出现的所有粗体皆为康德本人所为。

第一章
# 生平、著作与性格

这位现代最伟大的哲学家只被义务所驱动，他的生活也因此平淡无奇。在康德看来，道德高尚的人都是情感的主人，也就鲜为情感所驱使。他们对权力和声名非常淡泊，认为如果把它们同责任放在一起比较就显得微不足道。康德就这样约束着自己的生活，按照这种理想行动他就没有了矛盾。于是，他投入到学术研究中去，完全遵循协调的固定程序。柯尼斯堡的这位小个子教授因此成为了一名现代哲学家：囚禁在果壳里面，把自己视为统辖无限空间的国王。

伊曼纽尔·康德 1724 年出生于柯尼斯堡，家里以制作马轭勉强维持生计，他在九个兄弟姐妹中排行第四。康德的父母是质朴虔诚的虔诚派教徒。在当时，虔诚主义作为路德教派的改革运动在德国的中下层阶级中有着举足轻重的影响。它所主张的工作、责任和祷告的神圣性缓解了生活的艰辛；它把良知视做至高无上，这一点对康德后来的道德思维将会发生持久影响。这个教派尽管在某些方面有些反智色彩，但它却是推动 17 世纪晚期德国教育普及的主要力量，并且在柯尼斯堡这个地方就建立了一所虔诚主义教派的学校。八岁的时候，由于天分受到一位智慧善良的牧师的赏识，康德被送进了这所学校。出身于康德这样卑微家族的后人能有这样的教育机会,这是一件幸运的事;但对于年幼的康德来说,这却未必算得上幸运。他对导师们的感激混杂着对他们令人压抑的狂热宗教情绪的反感,以至于他在晚年不愿意提起这段早期教育。关于他这个时期所受教育的特点,我们可以从康德关于教育的一篇短文的引述中判断出来,这篇文章是从康德晚年的讲课笔记中辑纂而来的。

> 很多人都把早年时光想象成一生中最快乐、最美好的阶段。实际上并非如此。这一时期最是麻烦不断,因为我们受到严格的纪律管束,基本上没有选择朋友的机会,并且也少有自由。



语文学家达维德·鲁思肯是康德的旧时校友,两人成名后,鲁思肯在一封写给康德的信中说:"你我二人曾一起抱怨狂热教徒们充满学究气的、令人压抑的纪律让人受不了,尽管这种纪律并非完全没有价值。现在这些已经过去三十年了。"不可否认,康德在完成这一阶段的教育时情绪低迷沉重,但同时也培养出了相当自律的品格。他在刚成年阶段,有一部分的精力就用于用后者来克服前者。在此方面他通常非常成功。尽管家境穷困,身材瘦小得有些变形,敬爱的父亲和热爱的母亲又都去世了,康德却很快成为了柯尼斯堡最受欢迎的居民,他的儒雅、机智和滔滔不绝的口才使他无论走到哪里都受到欢迎。

康德十六岁的时候进了他的原籍城市的那所大学,六年后毕业。他没有能够谋得学术教职,于是挨家挨户做私人教师。直到三十一岁的时候他才在柯尼斯堡大学获得一个职位,当私人讲师。这个职位不发薪水,只是提供讲授公开课的权利,外加提

图 1 柯尼斯堡城堡，康德的房子在其左下方

供做私人指导获得一些微薄报酬的机会。这时，康德已经出版了动力学和数学方面的专著。他还利用做私人导师建立的关系在社会上轻松地获得了“大师”(der schöne Magister)的称号。

柯尼斯堡在当时是一座萦绕着尊贵气质的城市，居民有五万人，还有一座重要的军事堡垒。普鲁士东部地区的商贸活动都发生在这座海港城市。不同种族的各色人等在城里忙碌着，其中有荷兰人、英国人、波兰人和俄罗斯人。建于 1544 年的柯尼斯堡大学当时叫阿尔伯丁学院，是一座具有相当地位的文化中心，尽管它在 18 世纪中期之前因偏于一隅而鲜为人知，以至于腓特烈大帝在 1739 年以王储身份造访这座城市时，竟把它描写成“更适合训练熊而难以成为科学中心”的一个地方。第二年腓特烈就登基做了皇帝，竭力把代表其执政特征的高等文化和知识包容理念传播到王国的此一角落。于是，早有决心把追求真理和担当责任置于一切之先的康德，很幸运地发现他所在的大学并不设置障碍阻挠对这两者的追求。或许是因为这个原因，再加上他挚爱出生地的故土情结，促使他在那么长的时间中一直在等待第一次聘任并且此后又等了十五年获得了他所期待的教授一职。在这段时间里，康德好几次回绝了德国其他大学的邀请，尽职尽责地在他居住的房子里连续不断地作讲座，借此树立了声誉。他的学术心力主要用在了数学和物理学上，三十一岁的时候发表了一篇关于宇宙起源的论文，第一次提出了星云假说。然而，他的职责要求他的讲座涉及各种学科，其中包括自然地理学；大概是因为不愿旅行的缘故，他成为了这个领域公认的权威，并且在(极其崇拜这位哲学家的)帕格斯达尔伯爵看来，跟他谈话无聊沉闷。

从一定程度上讲，康德是机缘巧合才成为形而上学和逻辑学教授，而没有成为数学或自然科学教授。从他学术生涯的这个时候起，他就开始把精力全部投入到哲学研究中去，在讲座中重复教授十年的那些思想，付梓成书后为他赢得了德国伟大泰斗的称号。按哲学家哈曼的记述：为了占到座位，需要在教授到达前一个小时，也就是早晨六点的时候来到上课的教室。以下是康德的学生雅赫曼对老师的讲课风采所作的描述：

> 康德拥有阐明和定义形而上学概念的特别巧妙的方法，其中很显然包括在听众面前完成调查，似乎他自己也是刚考虑这个问题一样，一步步地加进有着决定意义的新鲜概念，逐渐地改进先前建立的解释，最后就如何处理这个问题给出一个限定性的结论。这时，他已经对这个问题从各个角度进行了彻底地探究，不仅为那些全神贯注的听者提供了关于该问题的知识，而且还就思想方法给他们上了一堂直观课。

还是这位描述者，在一封写给朋友的信中谈及康德所作的伦理学方面的讲座：

> 在这些讲座中，他不再只是耽于冥想的哲学家，同时还成了一名情绪激昂的演说家。他既会感染听众和他一起激情满怀，同时也能启人心智。的确，他把自己创立的思想用哲学的雄辩宣讲出来，能够聆听到那崇高的纯粹伦理教义让人有一种聆听天籁一般的愉悦。不知有多少次他把我们感动得流泪，不知有多少次他涤荡了我们的灵魂深处，更不知有多少次他把我们的心灵和情感从沉

沦于自我的枷锁中解脱出来，升华到由纯粹自由意志所支配的崇高自我意识的境界中去，升华到对理性法则的绝对服从的境界中去，使我们拥有了为他人担待责任的崇高感！

雅赫曼所言不虚，只是失之过誉。康德无论是在私下里还是在公开场合所表现出来的口才都名声在外，这使得他早在那些伟大作品出版之前就广为人知了。

康德的平时生活被戏称为像上了发条的钟表一样准时准点，自律极严，带着古板的学究气，以自我为中心。据说(因为海涅这样说过)柯尼斯堡的家庭主妇们会根据康德经过的时间来设定钟表；据说(因为康德自己曾经讲过)他对自己的身体状况时时刻刻都焦虑不安，表现出疑病症的病态心理；此外，据说他的房子里空空荡荡，没有什么家具物什，这表明他对美并不在乎，隐藏在他按时按点的生活方式下面的是一颗冷漠甚至冰冷的心。

康德的生活即使并不机械，也至少是高度自律。他的男仆需要按他的要求每天早晨五点就把他叫醒，决不容忍装病误事。他一般要在书桌旁工作到七点，穿着睡帽和睡袍，上午的课上完回来后就马上把这些行头又穿上。他在书房一直待到下午一点，这时要用他一整天中唯一的一顿餐。接下来就雷打不动地去散步。散步总是独自一人，之所以这样做是因为他古怪地认为与人谈话会让人通过嘴巴呼吸，因此不应该在露天旷野进行。他讨厌噪音，曾经两次搬家躲避别人发出的声响。甚至有一次还气愤地给警察局长写信，要求他禁止让附近监狱里的囚犯吟唱赞美诗进行自我慰藉。除了军队进行曲之外他讨厌所有的

图 2　卢梭的版画像是康德所拥有的唯一一幅画作

音乐，这一点确实众所周知，同样众所周知的还有他对视觉艺术也毫不在意——他只有一幅版画，是一位朋友送给他的卢梭的肖像。

康德意识到智性对自身的反诘，当他进行自我肯定时便会面向这幅版画，声称如果不是卢梭让他相信智性可以在恢复人权方面发挥作用的话，他就会认为自己比普通的劳动者更加百无一用。与把自己献给思想生活的所有人一样，康德也需要强加在自己身上的纪律。他的日常安排并没有破坏他的道德本性，而是让他处于能够发挥天才的最佳状态。他爱独处，同样也喜欢有人相伴左右，这两者相互平衡。他无一例外会有客人共进午餐，并且当天早晨即发出邀请，以免客人要拒绝其他邀请而觉得尴尬。席间每个客人都有一品脱的干红葡萄酒款待，如果可能，还会吃到最喜欢的菜肴。朋友跟他谈话会感到愉快，也受益良多。就这样一直谈到下午三点，最后都是努力以笑声收场（这主要是因为他相信笑和其他任何自然机能一样有助于消化）。康德的文章中随时都会闪现出讽刺的话语，讽刺文章也确实是他最爱的读物。他对音乐和绘画不感兴趣，这与他对诗歌的热爱形成了对比；甚至他对健康的注意也不妨说是由康德的义务哲学引发的。他既不崇尚也不喜欢坐冷板凳的生活，却认为这种生活对于智性的训练不可或缺。赫尔德是浪漫主义运动中最伟大、最富激情的作家之一，曾经听过康德的讲座，后来却抵制这些讲座的影响。不过，他对康德本人还是评价很高，他曾这样总结过康德的性格：



> 我很幸运能够结识一位授业于我的哲学家。他虽已迈入人生的壮年时期，却依然像年轻人那样精神高昂、心

情愉悦。这种状态我看在他耄耋之年仍然会葆有不变。他的眉毛很宽，是那种思想者所特有的眉毛，透出无法搅扰的宁静和喜悦。思想从他的嘴里汩汩流出，任由他嬉笑怒骂、幽默风趣，他那令人受益匪浅的讲座寓教于乐、让人痴迷。

他研究了莱布尼茨、沃尔夫、鲍姆嘉通、克鲁修斯和休谟，分析了物理学家开普勒和牛顿所阐述的自然规律。他也以同样的方式评估了当时出版的卢梭的著作，即《爱弥儿》和《新爱洛伊丝》。就像他不放过被他所注意到的自然科学的任何新发现一样，他评估了这两部作品的价值，随后又一如既往获得了关于自然以及人的道德价值的不偏不倚的知识。

无论是人类的历史，还是国家的抑或自然的历史，自然科学、数学和他本人的经验都是让他的讲座和日常生活生动起来的源泉。他从来不放过值得认识的任何东西。阴谋心计、帮派利益、强势压人以及功名之心都从未丝毫攫走他拓展和阐明真理的心力。他鼓励人们去独立思考，即使强迫他们也不失温和：他绝对没有钳制他人的本性。这个人就是伊曼纽尔·康德，我都是怀着不尽的感恩之情和崇敬之情称呼这个名字的；每当我回想起他的形象时都会感到心情愉悦。

康德的大学教职要求授课内容覆盖哲学的方方面面，他多年来的知识生活都被教学工作以及出版未阐述充分的书籍和论文所占去。他的伟大作品、第一部主要出版物《纯粹理性批判》是在 1781 年面世的，当时康德五十七岁。他在给摩西·门德尔松的一封信中就这本书写道："虽然这本书是十二年思考的结果，它其实是急就章，大约花了四到五个月就完成了；对它的内容我倒是极为用心，却没有太在意它的风格以及理解方面的难度。"（《康德哲学通信：1759—1799》，105—106）为了降低《纯粹理性批判》这本书在理解上的难度，他出版了一本小册子，名为《任何一种能够作为科学出现的未来形而上学：导论》（1783）。其中有机智的辩论，也有对《纯粹理性批判》中最令人气恼的段落晦涩不明的缩写。在1787年出第二版《纯粹理性批判》的时候，康德重写了最晦涩的部分；由于改写前和改写后的结果没什么两样，评论者一致认为康德著作的晦涩难懂并非源自风格，而是源自思想本身。不过，尽管晦涩难懂，这部著作在整个德语世界还是很快名声大噪，以至于"批判哲学"大行其道，走上了讲堂，同时也受到反对，甚至有时会遭到禁止，其推行者也受到迫害。康德信心大增，于是在1787年提笔给赖因霍尔德（此人曾经为宣扬康德的思想作了不少努力）写信，信中说道："我向你保证我沿着自己的路走下去的时间越长，我就越不担心有什么矛盾会严重地破坏我的体系。"（《康德哲学通信：1759—1799》，127）康德第一部《批判》的影响由斯达尔夫人公平地总结出来了。在该书第一版出版之后的第三十个年头，她这样写道："当最后它所包含的思想的宝库被发现的时候，德国轰动了，自那时起，不论文学还是哲学上的成就都源自于这一影响所给予的冲动。"

在写给门德尔松的信中，康德提到在反思的十二年间他几乎没有写任何东西，他早期（"前批判"）的作品并不能吸引研究他的成熟哲学的学者。不过，批判哲学一旦获得了表达，康德就怀着不断增加的信心继续探索它的支脉。《纯粹理性批判》系统地研究了形而上学以及知识论，随后的《实践理性批判》(1788)所关心的是伦理学问题，而《判断力批判》(1790)则主要关心美学问题。很多其他的著作和这些加在一起，连同所谓的贝利纳版作品集，总共有三十二卷。在这些作品中有三部特别引起我们的注意:《导论》，已经提到过;《道德形而上学的基础》是在第二部《批判》之前于 1785 年出版的，颇具说服力地阐述了康德的道德理论;《道德形而上学》是 1797 年出版的后期作品，包含有康德的政治和法律思想。

腓特烈大帝在位时期柯尼斯堡开一时启蒙之风，康德倍受腓特烈手下大臣的敬重，尤其受到教育大臣冯·策德利茨的敬重。《纯粹理性批判》一书就是献给策德利茨的。但在腓特烈·威廉二世登基后，形势陡转。他的大臣沃尔纳权倾一时，1788 年负责宗教事务，企图终止宗教宽容。康德所著《单纯理性限度内的宗教》于 1793 年出版，是以柯尼斯堡哲学协会的名义印刷的，因此打了一个法律擦边球，逃过了审查。沃尔纳大为不悦，以国王的名义给康德写了一封信，命令他进行自我检讨。康德在回信中向国王郑重承诺不参与公开的宗教讨论，不论是以讲座的方式还是写作的方式。国王死后，康德自以为这个承诺就自然地解除了。实际上，这次同当权者的龃龉给他带来了很大的痛苦。康德以自己身为忠实的臣民而感到自豪，尽管他对共和体制不乏同情。他曾经在一位英国人面前慷慨激昂地表达过这种同情，招致了那位英国人向他发出的挑战，要与他决斗。不过他的雄辩口才既化解了挑战，也说服英国人放弃了观点。(这里所说的那位英国人名叫约瑟夫·格林，在柯尼斯堡经商，此后成了康德的至交。)

康德喜欢有女人陪伴左右(条件是她们不要假装读得懂

《纯粹理性批判》),他曾经因此两次考虑结婚。不过每一次他都会犹豫很长时间,最后又决定还是不要结婚的好。有一天,他的那位不注重仪表、醉醺醺的男仆身着黄色外套来就餐。康德生气地要求他把外套脱下来卖掉,有什么经济损失他来补偿。他当时才惊讶地知道男仆曾经结过婚,后来成了鳏夫,而当时男仆又要再次结婚,那件黄色外套就是为了结婚买的。康德知道这些后大为吃惊,从此再也不喜欢这个仆人了。令人奇怪的是,他对婚姻不再抱有幻想。尽管他在《道德形而上学》中为这一制度辩护,他还是把婚姻关系描述为两个人为了"相互使用对方的性器官"(《康德哲学通信:1759—1799》,235;《道德形而上学》,277)而达成的协议。不止于此,康德在他早期所写的《关于美感和崇高感的考察》(1764)一文中雄辩地阐述了两性之间的区别。他强烈反对一种观点,即认为男女共享一种特性,并且单单这一特性就足以决定他们之间的关系特征;相反,他赋予女性以魅力、美丽以及融化心灵的特质,这些特质对他身为其中一员的"崇高"、"有原则性"和"务实"的男性来说却很陌生。康德对女性的这一番描述同他对大自然之美的描述是一致的。首先是大自然激发了他的情感,小时候妈妈为了唤起康德对她所热爱的事物的情感,带他去的地方正是那些自然美景。从他的这些感发中既可能觉察出女性的魅力,也可能觉察出自然美景,它们都是情色的延伸;如果这一切得到更活跃的表达,就很有可能打破我们的理性历史所倚重的常规理念。

康德最后一次作正式报告是在1796年。当时他五官功能已经开始衰退,也没有了先前的快乐,取而代之的是忧郁低落。费希特是这样描述的:他似乎是在睡梦中作讲座,突然惊醒后所讲的主题也忘记了大半。他不久就开始老糊涂起来,老朋友

图 3 柯尼斯堡的旧港口，路德维希·赫尔曼(1812—1881)作品

也不认识了，连简单的句子都说不完整。他昏睡了过去，于1804年2月12日结束了他无瑕的一生，没有带走生前的智慧才华。他下葬时有很多人从德国各地赶来，整个柯尼斯堡的人也都到场；即便在年迈体弱时，康德也仍然被视为这座城市最伟大的荣耀。他的墓穴坍塌过，在1881年得到了整修。他的遗骸在1924年被移至该市教堂的门廊，门廊庄严肃穆，具有新古典主义风格。1950年，一位不知名的破坏者打开了石棺，让其敞开着。此时，柯尼斯堡已经不再是学术中心了。在受到红军的粗暴毁坏之后，这座城市被并入苏联，并且用斯大林的追随者中为数不多的自然死亡者的名字给它重新命名。一块铜板仍然固定在城堡的墙上，俯视着这位逝者和这座废城。铜板上面写着摘自《实践理性批判》一书结束部分的一句话：



> 两件事物充斥着我们的心灵，它们永远历久弥新，不断地加增着敬畏，我们越来越经常对它们进行玄思：头上的星空和内心的道德律。

生活在加里宁格勒的居民是幸运的，因为他们每天都会被提醒存在着这两件事物，如果他们还对其怀着敬意的话。

图 4　城堡墙壁上的康德纪念碑

第二章

# 康德思想的背景

《纯粹理性批判》是现代史上所写下的最为重要的哲学著作，也是最难读懂的著作之一。它提出的问题很新奇，包罗万象，所以康德认为很有必要创造一些术语来讨论这些问题。这些术语有一种奇特的美感和吸引力。他的词汇把秩序和关联性强加给传统的哲学问题，体验不到这一秩序和关联性就难以充分欣赏康德的作品。然而，康德思想的主旨是可以用较低层次的习语来表达的，接下来的内容我会尽可能不用他的术语。这项任务并不容易，因为对康德术语的意义没有公认的解释。尽管康德体系的整体画面对评论过它的所有人来说都是一样的，但是对于他的论点的说服力甚至具体内容却众说纷纭。评论者给出的前提和结论尽管都很清楚，还是无一例外地被指责为遗漏了康德的论点，而唯一可以避免学术指摘的方法就是蹈袭原著用语的诘屈聱牙风格。近年来，遭受这种批评的危险又更多了些。当代的康德研究——尤其是在英国和美国——倾向于认为，康德学术研究的晦涩难懂常常是其混乱不清导致的结果。为了不把混乱归咎于康德，学者们不辞辛苦地从第一部《批判》中生发出或者至少是强加上一套使其明白易懂的阐释。我也会试着这样做，而带给我影响的这些当代研究恕我不能一一致谢。

由阐释《纯粹理性批判》引出的第一个问题是:它希望回答什么问题?康德在第一版的前言里写到:

> 通过询问这个问题,我使自己的目的得以完善。我大胆地主张所有的形而上学问题都已得到解决,或所有的形而上学问题至少解决方法已经提了出来。
>
> (《纯粹理性批判》第1版,序言,xiii)

这种说法代表了第一部《批判》的雄心(尽管不是成就),但康德的动机实际上是一些更为具体的兴趣。如果我们转向历史上康德式观点的先例,就可以从影响过他的哲学论战中,抽取争论的一些主要论题。我们所发现的最重要的内容将是客观知识问题,该问题笛卡尔曾经提出过。我对我自己可以了解很多,并且这种知识常常具有确定性的特征。根据笛卡尔的观点,怀疑我存在是尤其没有道理的。这里,怀疑只不过证实了被怀疑的对象。我思故我在。在这种情况下,我至少拥有客观知识。我的存在这个事实是一个客观事实;它是关于这个世界的事实,而不仅仅是关于某个人的感知。不管这个世界包含什么,它都包含了一个思维着的存在,这个存在就是我。康德的同时代人利希滕贝格指出,笛卡尔不应该得出这种结论。"我思"表明存在一种思想,但是并不表示有一个我去思考。康德同样不满意笛卡尔的观点,按照从这些观点中推出的灵魂理论,他认为自我知识的确定性受到了错误描述。的确,不论我对这个世界有多么地怀疑,我都不可能把这种怀疑延伸到主观领域(意识领域):所以我能够直接确定自己当下的精神状态。但是我无法直接确定我是什么,或者确定实际上是否存在一个这些状态所归

# Critik
der
# reinen Vernunft

von
**Immanuel Kant**
Professor in Königsberg.

Riga,
verlegts Johann Friedrich Hartknoch
1781.

图 5《纯粹理性批判》(第 1 版)

属的“我”。这些进一步的命题必须通过某种观点来建立，而那样的观点还有待发现。

这种直接而又确定的知识具备什么样的特征呢？我当下精神状态的区别性特征在于：它们如其向我所呈现的，并显得如其所是。在主观领域，存在与似在彼此重合。在客观领域，它们又分道扬镳。世界之所以是客观的，是因为它还可以区别于向我所呈现的样子。因此，关于客观知识的真正问题是：我怎样才能认识世界的本来面目？我可以认识到世界自我**呈现**的样子，因为那只不过是关于我当下的感知、记忆、思想以及情感的知识。但是我是否可以拥有一种知识，这种知识完全不是关于这个世界看似如何的知识？以一种更加一般的方式来表述这个问题就是：我能够拥有不仅仅从我自己的角度来获得的关于这个世界的知识吗？科学、常识、神学以及个人生活都假定客观知识是可能的。如果这种假定没有根据，那么我们共同怀有的几乎所有信仰也都是没有根据的。

在距离康德最近的前辈中，有两个人尤其为客观性问题提供了答案，这些答案足够明确，引起了知识界的关注。这两人就是莱布尼茨（1646—1716）和大卫·休谟（1711—1776）；前者主张我们能够拥有不受任何观察者的观点影响的客观知识；后者主张（至少在他同时代的人看来是）我们不可能获得任何客观知识。

莱布尼茨是普鲁士学院派哲学的奠基者。他的思想反映在留给世人的那些未曾出版的只言片语中，这些思想由克里斯蒂安·冯·沃尔夫（1679—1754）构建成了一个体系，又由沃尔夫的学生、曾做过牧师的鲍姆嘉通（1714—1762）加以应用和扩展。在康德年轻的时候，莱布尼茨的思想体系受到了官方的责难，

图 6　康德与论友围坐桌边（埃米尔·德斯特林作于约 1900 年）

因为它所提出的理性主张威胁到了信仰主张；沃尔夫曾经一度被禁止教书。但是在腓特烈大帝统治时期，这个体系又重新受到欢迎，并成为德国启蒙运动正统的形而上哲学。康德尊重这个正统，并且直至晚年他还用鲍姆嘉通的著作作为自己讲座的教材。但是休谟的怀疑主义给康德留下了深刻的印象并提出了新的问题，这些问题使康德感到只有推翻莱布尼茨的思想体系才能得到解答。这些问题涉及因果关系和先天知识(即无经验依据的知识)，并且和客观问题结合在一起形成了第一部《批判》的独特主题。

莱布尼茨所属的学派现在一般被贴上了“唯理论”的标签，休谟属于“经验论”学派，这两派通常是对立的。这种简单而又存有争议地将前辈分成唯理论和经验论的方式实际上归功于康德。他相信这两个哲学学派在结论上都是错误的，因此尝试着描述一种吸收这两个学派的真理、避免它们各自错误的哲学方法。唯理论从对理性的运用中获得关于知识的所有断言，旨在对世界作出绝对的描述，不受观察者个人经验的影响。它尝试用上帝之眼观察实在。经验论则主张知识仅仅来自于经验；因此，把知识同认识者的主观条件分开是不可能的。康德希望对客观知识的问题作出解答，这种解答既不像莱布尼茨的那样绝对，也不像休谟的那样主观。为了理解康德的独特立场，最好的方法是先总结他力图摒弃的这两种观点。

莱布尼茨相信理智本身就包含着某些固有的原则，这些原则理智从直觉上就知道是正确的，因此它们构成了对世界的完整描述所依赖的公理。这些原则必然是正确的，不需要依靠经验就得到了确立。因此，有了它们，世界就得到了如其所是的描述，而不会像在经验中或是通过有条件的“观点”所呈现的那样

图 7 戈特弗里德·威廉·莱布尼茨(1696[①]—1716)

被描述。同时,这些“观点”具有个体特征,可以被融入世界的理性图景中。莱布尼茨在思维中识别出主词和谓词之间的区分(在“约翰思考”这个句子中,主词是“约翰”,谓词是“思考”)。

① 原文如此。应为1646。——编注

他认为这个区分对应于实在中的实体和属性。世界上最基本的客体就是实体。他认为实体是自立的,不像内在于它们的属性:举个例子,一种实体无须思维就可以存在,但是凡是思维都需要实体。自立的实体也是无法毁坏的,除非用一种奇迹般的方法。莱布尼茨把它们叫做“单子”,他的单子的模型是个体灵魂,是思维实体,就如笛卡尔曾经描述的那样。从这个观念出发,他获得了关于世界的“无视角”图像,依靠的是两个基本的理性原理:矛盾律(一个命题和它的否定命题不可能同时为真)和充足理由律(没有充足解释的事情不能为真)。通过精巧而细致的论证以及最少的可能性假设,他得出了以下结论。

这个世界由无穷多单个的单子构成,这些单子既不存在于空间中也不存在于时间中,它们永恒地存在着。每个单子在某些方面与其他任何一个都不同(著名的“不可分辨物的等同性”定律)。没有这个假设,客体就不能依其本质特性得以辨识;于是,为了将事物区分开来,采取何种视角就变得很必要,而莱布尼茨则主张世界的真正本质可以不采取任何视角就能认识。每个单子之所以需要一个视角,只是为了有一种表征其内部构成的方式;它并不表征如其内部所是的那个世界。每个单子都从自己的视角像镜子一样反映世界,但是没有哪个单子可以进入与其他单子的真正关系中,无论这种关系是因果性的还是其他性质的。甚至空间和时间也都是理性的建构物,通过这种建构物我们才使自己的经验能够被理解,但是这一建构物并不属于世界本身。然而,根据“前定和谐”原则,每个单子的连续性特征都对应于其他单子的连续性特征。所以,我们可以把我们心智的连续状态描述为“感知”,这个世界将会“显现”在每个单子的面前,显现方式则与世界在其他任何单子面前所显现的方式一致。这些现象中有一个体系，在此体系内，谈及以下几个方面都是有意义的：空间关系、时间关系和因果关系；可被破坏的个体和动力原则；知觉、活动和影响。这些观念以及从中得出的物理定律，其有效性依赖于它们所描述的观点之间的根本和谐。这些观念和定律只是间接地产生由单子构成的实在世界的知识，因为我们能够确知，事物显现的方式具有事物存在方式的形而上学印记。当两只手表显示完全相同的时间时，我会倾向于认为其中一只引起了另一只走动。这个例子说明了一种单纯的表面的关系。莱布尼茨用差不多同样的方式证明，由常识性信仰和感知构成的整个世界只不过是表象或“现象”。但是他声称这是“有根有据的现象”。它不是幻相，而是理性原则的运行所引起的必然而系统的结果，这些原则决定着事物事实上如何。实在的实体，由于不是通过某种视角而得到描述和识别，所以就不具备现象的特点。实在本身只有通过理性才是可及的，因为只有理性才可以超越个体的视角，看到终极必然性，同时也是上帝的必然性。因此，理性必须通过“天赋”的观念来起作用。这些观念的获得不通过经验，它们属于全体会思考的存在者。这些观念的内容不有赖于经验，而有赖于理性的直觉能力。这些观念中有一种是实体观念，莱布尼茨的所有原理都是由此而来。

休谟的观点从某种程度上来说与莱布尼茨的观点正相反。他否认通过理性来获得知识的可能性，因为离开观念理性就不能起作用，并且观念只能通过感觉来获得。归根结底，每个思想的内容必须来源于证实它的经验；只有借助于为其提供保证的感觉“印象”，信念才能被确立为真。（这是经验论的基本假设。）但是为我证实一切事物的唯一经验就是我的经验。其他人的或记录的证据、对定律或假设的制定、对记忆和归纳的依赖——

所有这一切的权威性都有赖于为其提供保证的经验。我的经验是其所似并似其所是，因为这里的“似”就是存在着的一切。因此，不存在我如何认识它们这个问题。但是，休谟把所有的知识都建立在经验之上，而把我对世界的知识归结为关于我的观点的知识。所有对客观性的要求都变得虚假和虚幻。当我声称拥有关于存在于我感知之外的客体的知识时，我实际上唯一想说的是那些感知展现了一种连贯性和一致性，这种连贯性和一致性生成了独立性这个（虚幻的）观念。当我提到因果必然性时，我有资格所意指的一切就是经验之中的常规性接续，再加上从这种接续生发出来的主观期望之感。对于理性来说，这可以告诉我们“观念之间的关系”：比如，它可以告诉我们空间这个观念包含在形状这个观念中，也可以告诉我们单身汉这个观念和没有结婚的男人这个观念是一致的。但是它既不能产生自己的观点，也不能决定一个观念是否有可应用性。它仅是从词语意义派生出的细微知识的源泉；它从来都不能得出关于事实的知识。休谟的怀疑主义走得太远，以至于对自我（这个自我为莱布尼茨的单子提供了模型）的存在提出质疑，并且声称既没有根据这个名字命名的可感知客体，也不存在能够产生关于该客体之观念的任何经验。

这种怀疑主义回溯到它所源自的最根本的观点，让人无法忍受；所以并不奇怪的是，康德正如他自己所说的那样是被休谟从“教条主义的迷梦”（《未来形而上学引论》，9）中唤醒。休谟哲学中最困扰康德的部分关系到因果关系这个概念。休谟主张自然中不存在笃信必然性的基础：必然性只属于思想，并且仅仅反映了“观念之间的关系”。正是这一点导致康德认为，自然科学是建立在存在着实在必然性这一信念之上的，所以休谟

图 8 大卫·休谟(1711—1776)

的怀疑论就存在着破坏科学思想之基础的威胁，它绝不是一种学术作为。康德的确与莱布尼茨及其体系有过长久的争论。但是，客观性与因果必然性问题有着终极的关联，正是这一认识把康德引向了《纯粹理性批判》中的思路。直到那时，他才通过试图指出休谟的真正错误所在而认识到了莱布尼茨的真正错误。他开始作出如下思考。

经验和理性都不能独立地提供知识。前者提供没有形式的内容，后者则提供没有内容的形式。只有二者结合起来，才使获得知识成为可能；所以，不同时带有理性印记和经验印记的知识是没有的。不论如何，这样的知识是真实的和客观的。它超越了知识拥有者的观点，并且对一个独立世界给出了合理的论断。不过，要认识那个“如其自身存在的”、不受所有视角影响的世界是不可能的。康德认为，这种对知识客体的绝对观念是没有意义的，因为这种观念的给出只能借助于概念的运用，并且这些概念中的每一个意义元素都已被抽空。即使我可以不受我自己观点的影响去认识世界，我所认识的内容（即“表象”的世界）也还是烙上了那个观点的无法消除的印记。客体并不依赖于我感知到它们而存在，但是它们的本质却是由它们**能**被感知这个事实决定的。客体不是莱布尼茨的单子，只对“纯粹理性”的无观点态度是可知的；也不是休谟的“印象”，即我自己的经验的特征。它们是客观的，但是其特征是观点所给予的，正是通过观点它们才能被认识。这就是“可能经验”的观点。康德试图表明，如果得到恰当理解，“经验”这个观念已经带有休谟所否定了的客观的指称。经验**在其自身之中**就包含了空间、时间和因果关系这些特征。所以在描述我的经验时，我所指的是一个独立世界的有序景观。

为了介绍客观性这个崭新的概念（他用“先验唯心论”来命名），康德先从探究先天知识开始。在真正的命题中，有些不依赖经验即为真，不论经验如何改变依然为真：这些是先天真理。其他的命题，其真实性则取决于经验，如果经验不同，这些命题或许就是假的：这是后天真理。（这里的术语不是康德发明的，尽管由于康德经常使用而使它们很流行。）康德认为先天真理有两种，他称做“分析的”和“综合的”（《纯粹理性批判》第1版，6—10）。分析真理如“所有单身汉都没有结婚”，它之所以为真是由表达它的术语的意义来保障的，并且是通过分析这些术语来发现的。综合真理的真理性不是这样得出的，而是如康德解释的那样，通过在谓项中断定主项中所没有包含的东西得来。这种真理如“所有的单身汉都是未满足的”（假设这是真实的），它表述的是关于单身汉的某些实质，不仅仅是在重复用来指代它们的那个术语的定义。分析和综合的区分涉及到新的术语，尽管在早期哲学家那里也能找到类似的区分。受到波伊提乌的启发，阿奎纳把不证自明的命题定义为在这种命题中“谓项包含在主项的概念中”；类似的观念也可以在莱布尼茨的思想中发现。然而，康德的创造性在于，他坚持认为这两种区分（即先天的和后天的，以及分析的和综合的）在本质上完全不同。如果认为它们必须契合，只不过是经验论者的独断论而已。可是，如果经验论者的观点正确，就不存在综合的先天知识：综合真理只可能通过经验获得。

经验论者的立场在当代已被“维也纳学派”的逻辑实证主义者接受，他们主张所有的先天真理都是分析的，并得出这样一个结论：任何形而上学的命题必定没有意义，因为它既不可能是分析的也不可能是后天的。对康德来说，经验论否定了形而上学的可能性，这很明显。但是，如果要为客观知识提供基础，形而上学是很必要的：没有它，就无法想象还有什么能够阻挡休谟的怀疑论。所以，所有哲学的首要问题就变成：“综合的先天知识如何才是可能的？”或者用另一种方式来说：“我怎样才能通过纯粹的反思而不借助经验就可以认识这个世界？”康

图 9 莫里茨·石里克(1882—1936),维也纳学派领军人物

德觉得，对于将认识对象同认识者的视角区分开来的先天知识,不可能作出任何解释。因此,对于任何人企图声称我们能够获得关于永恒、无限的“物自体”(即不用参照一个观察者的“可能经验”就被定义的任何对象)世界的先天知识,他都持怀疑态

度。我只能对我所经验的世界拥有先天知识。先天知识为经验性的发现提供支撑，但是它也从经验发现中获得内容。康德的第一部《批判》部分地将矛头指向这样一个假定：“纯粹理性”不用参照经验就可以为知识赋予内容。

所有的先天真理既是必然的又是绝对普遍的：必然和绝对普遍是两个标志，依据它们我们可以在关于知识的主张中识别那些先天为真的知识项——如果它们确实为真的话。因为很明显的是，经验绝不会赋予任何事物以必然性或绝对普遍性；任何经验本来都可能是另一种情形，经验必然是有限的和个别的，因此，普遍性法则（它具有无限多的个例）永远不会被经验所真正证实。没有人应该真正地怀疑存在着综合的先天知识。康德用数学作为最显著的例子：我们通过纯粹的推理而非对数学术语涵义的分析来认识数学。对数学的先天性应该有哲学上的解释，康德试图在第一部《批判》的开篇部分就给出这样的解释。但是，他也对其他一些令人迷惑的例子予以了关注。例如，下面的命题就似乎先天为真：“每个事件都有原因”；“世界是由不依赖于我而存在的永恒客体组成的”；“所有可被发现的客体都存在于空间和时间之中”。这些命题都不能通过经验来确立，因为它们的真理性在对经验的阐释中已经预先设定了。此外，每个命题声称为真不是在这种或那种场合，而是普遍地和必然地为真。最后，正是这样的真理被要求用来证实客观性。因此，客观性问题和综合的先天知识最终联系在了一起。此外，上述真理在所有科学解释中起到的至关重要的作用说服了康德，使他相信客观性理论也为自然必然性提供了解释。由此，这样的理论就可以对休谟的怀疑论给出完整的答案。

那么，康德在第一部《批判》中的目的是什么呢？首先，与休谟相对，其目的是为了说明综合的先天知识是可能的，并且提供相关例子。其次，与莱布尼茨相对，证明如果不顾及经验所施加的限制因素来进行推演，单独的“纯粹理性”只能导致幻相，因此不存在关于“物自体”的先天知识。根据论题的分野，将第一部《批判》分为两部分是很正常的：第一部分是“分析性的”，第二部分是“辩证性的”。尽管这个划分和康德对章节的划分（极为复杂，充满了专门语汇）不完全对应，但却足够严密，不会误导读者。术语“分析性的”和“辩证性的”为康德所用，论证的两分法也一样。在第一部分，康德对客观性的辩护得以阐释；我将从对“分析性”的论证入手，因为只有把握了这一部分才可能理解康德形而上学的本质，理解他日后从中发展出来的道德、美学和政治理论的本质。

第三章

# 先验演绎

康德对形而上学的基本问题——“综合的先天知识如何可能?”作出的回答包括两个部分。依照康德自己的术语(《纯粹理性批判》第 1 版, xvi),我把它们叫做“主观”演绎和“客观”演绎。(康德使用的是“演绎”这个术语的法律内涵,就如在对土地所有权的演绎中的内涵一样,指我们对某物拥有权利的一种证明;康德在此指有使用某些概念或“范畴”的权利。)康德在1770 年的就职论文中对主观演绎进行了部分地勾勒(“就职论文”, 54 页及其后),主观演绎主要是一种认识论。它试图说明作判断时会涉及什么:判断某物为真还是为假。主观演绎集中论述思维的本质,尤其是信仰、感知和经验的本质。它的结论作为一般性的“知性”(判断能力)理论的一部分呈现出来。康德反复强调,该理论不能被解释为经验心理学。它也不是,也没有声称是,关于**人**的而非其他物种的心智活动的理论。它是关于知性本身的理论,告诉我们知性是什么,如果作判断,知性又必须如何起作用。在所有关于这些问题的哲学讨论中,康德认为我们谈论的“不是经验的起源,而是经验里面包含着什么”(《未来形而上学引论》,63)。他还把这种纯粹的哲学问题比做自那时起逐渐流行起来的“对概念的分析”。康德希望划定知性的界限。如果存在着知性不能把握的事物，那么关于它们的所有断言都是没有意义的。

客观演绎企图肯定地确立先天知识的内容。这里的论证并不是通过对认识能力的分析进行的，而是从对认识之基础的探究进行的。经验的前提假设是什么呢？如果我们要获得怀疑论者所归于我们的那种原原本本的观点，那什么又必须为真呢？如果我们能够识别出这些前提假设，它们就会被确立为先天为真。因为它们的真理性不是来自于我们有这样或那样的经验，而是来自于我们**确实**有经验。所以它们不依赖于任何特定的经验来获得证实，仅仅通过推理就能够成立。在每个怀疑论问题可以被提出的领域（在每个可理解的领域），它们都将为真。这就等于说它们具有必然性。我不能设想它们为假，因为我不能设想自己是一个反驳它们的世界的一部分。



康德把这一论证称做"先验演绎"，称由此产生的理论为"先验唯心论"。"先验的"这个词需要一些解释。如果一种论证为了建立经验的先天条件而"超越"了经验探究的"限度"，那么它就是先验的。我们必须把先验论证和经验论证区分开来（《纯粹理性批判》第 2 版，81）；不同于后者，前者引向"一种更关注我们对客体的认识模式而不是客体本身的知识，**只要这种认识模式是先天可能的**"（《纯粹理性批判》第 2 版，25）。"先验的"这个词也被康德用做他意，来指代"先验客体"。这是一些超越经验的客体，即无法由经验研究揭示的客体，它们自身既无法观察也不与可观察的东西有因果关联。这些"先验客体"提出了一个阐释问题，我在第四章会回来谈论这个问题。

现在我要转回对"先验唯心论"的阐释上来。简而言之，这个理论暗示着，建立在主观演绎基础上的知性法则和建立在客观演绎基础上的先天真理是一样的。换句话说，它意味着认识者的能力与被认识对象的本质之间有某种极其特殊的和谐关系。正是由于这种和谐，先天知识才是可能的。

根据这一理论，主导着知性的“思想形式”与实在的先天本质是完全一致的。世界如我们所认识的那样，我们也如其所是地那样认识它。阐释康德思想的所有主要困难，几乎都取决于那两个命题中哪一个被强调。是我们的思想决定世界的先天本质，还是世界决定了我们必须怎样去思考它？我认为答案为“都不是和都是”。但只有到本书的末尾答案才会明了。

## 自我意识

我已经采纳康德的用法，谈到了“我们的”知性和经验。“我们”是谁？康德用的是第一人称复数，这是一个具有非常独特的特征的用法。正如我说过的那样，他不是在对“像我们这样的动物”进行心理学研究。他也不是在用无法找到真正主体的抽象作者的声音讲话。他无差别地用术语“我们”来表示任何能使用“我”这个词来指代的存在物：任何一个可以把自己识别为经验主体的人。整个康德哲学的出发点都是自我意识这个单一的前提，他的三部《批判》的前两部分别与下列问题相关：“一个有自我意识的存在者必须思考什么？”“他必须做什么？”自我意识是一个深层现象，包括很多层次和方面。并不是每个存在者都能够认识他自己的经验[对他来说，“我思”能够伴随他的所有感知，正如康德表述自己对笛卡尔的关键修正（《纯粹理性批判》第 2 版，131—132）]。但是，正是这样的存在者才能提出怀疑论问题：“事物真像它们对我呈现的那样（就像我的经验表征它们那样）吗？”因此，该论证所探究的是这一自我意识的假定前提。

康德的结论可以总结如下：使怀疑论成为可能的条件也表明怀疑论是虚假的。

## 先验综合

我将首先讨论主观演绎——关于判断的“主观条件”的理论。我们的知识有两个来源：感性与知性。感性是直觉的能力：它包括被经验论者视为知识之唯一基础的所有感觉状态和限定。知性是概念的能力。概念不得不被应用在判断中，因而这种能力不同于感性，它是能动的。康德认为，不理解这一关键点而按照感觉的模式来解释知性的所有概念，这是经验论者的一个错误。（这样，对休谟而言，概念就仅仅是它所源自于的“印象”的褪色印记。）唯理论也有相应的错误，即把感知视为一种对概念思维的混乱追求。所以，康德把莱布尼茨和洛克之间著名的争论总结为：“莱布尼茨将现象**理智化**，正如洛克……把知性的概念**感性化**一样。”然而实际上，这里有两种能力，二者不可相互归结；它们“只有和另一个**联合**起来才能客观有效地对事物作出判断”（《纯粹理性批判》第 1 版，271；第 2 版，327）。

判断由此要求将感性和知性结合起来。没有概念的大脑就没有能力去思考；同样，有概念武装的大脑若没有可供应用的感觉数据，就没有思考的内容。“没有感知，就没有客体提供给我们；没有知性，就没有对象可供思考。没有内容的思想是空洞的，没有概念的直觉是盲目的。”（《纯粹理性批判》第 1 版，51；第 2 版，75）作出判断就要求康德所谓的概念和直觉的“综合”，只有综合起来才会产生真正的经验（和单纯的“直觉”相对）。康德对这一综合的描述让人有些迷惑：有时候，它似乎是经验得以产生的“过程”；又有些时候，它似乎是经验所包含的“结构”。

无论在什么情形中，它似乎有两个阶段："纯粹"综合，在这里直觉组合成一个整体；然后是判断行为，在这里整体通过概念被赋予了形式(《纯粹理性批判》第1版，79；第2版，104)。这种综合并不意味着要成为一个心理事实，它是与"经验"综合相对的"先验"综合。换句话说，它是在(自我意识的)经验中被假定的，不是从中派生的。我并未控制自己的经验，然后让它隶属于综合。因为，"控制"这个行为假定了综合已经发生。设想一下，我试图描述当我坐在桌旁写字的时候事物如何向我显现。我即刻就开始了把感觉意识归入概念(比如那些桌子和写字的概念)的活动。我只能通过描述"事物如何显现"来将我的经验呈现给自己：这就要用到知性的概念。相反，如果没有展示这些概念之应用的经验，我的所有概念都将是不可理解的。



## 先天概念

经验论假定，全部的概念派生于或者在一定程度上可以归结为保证其应用的感性直觉。没有相对应的感性刺激就不会有概念，也正是根据这样的刺激，概念必须获得意义。康德认为，这种假设是荒谬的。经验论者混淆了经验和感觉。经验能为概念的应用提供根据，因为它已经包含一个概念，与刚才描述的"综合"一致。感觉或者直觉则不包括概念，也不为判断提供根据。在未经心理活动改造之前，所有感觉都没有心智结构，因此也不能为信仰提供理由。如果我们理解经验，那是因为它们自身已经包括了我们假定从它们之中得出的概念。这些概念从何处而来？不是从直觉而来。因此，知性本身必定含有概念的某种全部要素，来限定它的活动形态。

由此可知，莱布尼茨的"天赋观念"基本上是正确的。有些概念通过经验是无法给出的，因为它们是在经验中预设的。它们与对世界的每一次理解（这种理解能够呈现为我的）都相关；没有这些概念就没有经验，而仅仅有直觉，从直觉中没有知识可以派生出来。知性的这些“先天概念”规定了判断的基本“形式”。其他的概念可被看成是对它们的“限定”——也就是说，看成是多多少少掺杂着观察和试验因素的特定情形。

康德把这些基本的概念叫做“范畴”，借自亚里士多德曾经使用过（但没有系统使用）的一个类似术语。范畴是我们思维的形式。其中有一个概念是莱布尼茨体系的源头：实体范畴。实体是能够独立存在的，并且承载着依赖于它的特性。“椅子”这个概念是对一般实体概念的一个特别的、经验性的限定。它只能被已经掌握那个一般概念的人获得，因为只有这样的人能够以一种必要的方式来阐释他的经验。另一个范畴受到了休谟怀疑论的攻击，此即因果范畴。分析性论证大部分都涉及实体和因果性观念，因为康德希望我们理解这两个观念。这并不奇怪。然而，他总共给出了十二个范畴，并且很满意地发现它们和传统形而上学的所有争论都相呼应。

## 主观演绎

从上面的论述似乎可以得出，如果我们想真正拥有知识，我们的直觉就必须容许对范畴的应用。更直接地讲：在我们看来似乎是，我们面对着实体、原因和其他范畴。所以，我们能够先验地知道，每个可以理解的世界（每个可能包含自我意识的世界）也必然会有受范畴支配的表象。只有当它看来似乎遵守某些“原则”的时候，它才能有那种表象。一个原则规定着一个范畴能应用的条件。所有原则结合起来界定了我们所要求的先

图 10 四十四岁时的康德(贝克作品,约于 1768 年)

天知识的范围。

范畴的“主观演绎”确立了什么?答案似乎是这样的:我们必须按照范畴来思考,因此也必须接受制约范畴之应用的那些原则为真。所以通常来说,世界必须以一种让我们**能够**接受这些原则的方式呈现给我们。自我意识要求世界必须看起来符合范畴。这个论断包含了康德所称的哲学上的“哥白尼式革命”的本质。以前的哲学家都把自然看做是最根本的，询问我们的认知能力怎样能理解自然。康德把认知能力当做最根本的，然后推演自然的先天界限。这是他回应休谟的第一个重要步骤。休谟曾经主张，我们的知识有着经验的基础。对此人们未觉不妥。但是经验不是休谟所认为的简单概念。经验包括智识的结构，它已经按照空间、时间、物质和因果关系这些概念组织过了。所以，不存在不指向自然世界的经验知识。我们的观点本质上是**关于**客观世界的观点。

但是，这回答了怀疑论者吗？怀疑论者必然会说，即使康德是正确的，即使世界必须按照这种方式呈现给我们，难道世界就必须**是**其所**呈现**的那样吗？即使我们被迫认为范畴有适用性，也并不能得出它们确实适用。我们不得不从对我们观点的描述转到对世界的描述上去。所以“思想的主观条件怎样才能具有客观有效性？”(《纯粹理性批判》第 1 版，89；《纯粹理性批判》第 2 版，122)这个问题仍然存在。正如康德所称(《纯粹理性批判》第 2 版，141)，任何判断都有一定的客观性。那么很明显，范畴的“客观演绎”是不可少的：这一论证会表明，世界，而不仅仅是我们对世界的经验，与知性的先验原则是一致的。



## 思想的形式和直觉的形式

在继续探讨客观演绎之前，我们必须回到《纯粹理性批判》的前几部分，在那里，康德笼统地表述了感性的本质。康德相信，通过抽象化过程他已获得了一个范畴表。假设我正描述我现在看到了什么：一支钢笔在写字。“钢笔”这个概念是“人工制品”这个更宽泛概念的特别“限定”，“人工制品”本身又是“物质客体”概念的限定，等等。这一系列抽象的限度是在每个阶段都得到例证的先天概念：实体。越过这个限度，即便我们继续思考，也无法继续抽象了。同样，“书写”是“行动”的限定，而“行动”又是“力量”的限定，如此等等：这里的范畴是原因或者是解释，在这二者之外知性就不能继续。康德通过这些以及类似的思维实验认为，在他列出的十二个范畴中，他已经分离出判断的所有形式，从而给出了客观真理这个概念的说明。因此，我们对于知识客观性的证明涉及到对范畴的“客观有效性”的证明，以及对应用这些范畴时所预设原则的证明。

然而，还有两个观念，尽管它们对科学、对关于这个世界的客观观点非常重要，但仍不在康德的范畴表里。这就是空间和时间。康德不把它们描述为概念，而是描述为直觉形式。第一部《批判》的开篇部分，即“先验感性论”（Transcendental Aesthetic）中论述了空间和时间。这里 Aesthetic 这个词是从希腊语中描述“感觉”的词语中派生出来的，表示这个部分的主题是感性能力，是独立于知性来考察的。康德认为空间和时间远不是能被应用于直觉的概念，而是直觉的基本**形式**，意味着每一感觉都必定带有时间组织有时又是空间组织的印记。

时间是“内感觉”的形式，即所有心智状态的形式，不论它们是否指涉客观现实。没有哪个心理状态不是在时间中的，并且时间是通过我们经验中的这一组织对我们来讲成为实在的。空间是“外感觉”的形式，即“直觉”的形式。这里的“直觉”被我们指向独立的世界，从而被我们看成是客观事物的“表象”。一切事物，除非被感知为“外在的”，从而和我自己在空间上相关联，就不能独立于我而呈现在我面前。与时间一样，空间形成我的感性组织的一部分。我的感官印象具有空间形式，这已在“视界”的现象中得到了证实。

那么为什么否认空间和时间是先天概念呢？它们是先天的，但不可能是概念，因为概念是普遍的，涵盖了大量的实例。康德认为，必然只有一个空间也只有一个时间。所有的空间形成了一个单一空间的各个部分，所有的时间也形成了一个单一时间的各个部分。康德有时也通过以下说法来表达这一点：空间和时间不是概念而是“先天直觉”。

在康德哲学中，对秩序的强烈追求使他试图通过他的体系中每个独特的部分，来解决尽可能多的哲学问题。康德把空间和时间与知性这一范畴区别对待，这样做的动机就是为了提出一种解释：存在着两种综合的先天真理——数学和形而上学。对于其中每一真理的解释似乎都应该是不同的，因为数学对所有的思考者而言是不证自明的，而形而上学在本质上就有争议，是人们无休止争论的一个问题；“远远不像二乘以二等于四这个命题那么明确”(《纯粹理性批判》第 1 版，733；《纯粹理性批判》第 2 版，761)。数学确实具备直觉本身全部的直接性和明确性，形而上学的原理却只能从思维中派生出来，必然是有争议的。康德把数学解释为一门先天的直觉科学，并认为他能够说明为何如此。在数学中我们面对的是“先天直觉”；这为我们的思维自动提供了内容，没有内容，思维就无法抽象地运用范畴。数学的结论是“先天地、直接地”得出的(《纯粹理性批判》第 1 版，732；《纯粹理性批判》第 2 版，760)，形而上学的结论必须通过艰苦的论证才能得出。

不论我们是否接受康德的解释，他的哲学一个独特的特点无疑就在于把数学真理看成先天综合真理。同时，他又不赞成柏拉图的解释，即这种先天综合地位是从数学对象（抽象的、不可改变的数字和形式）独特的本质中得出的。康德也不同意休谟和莱布尼茨的观点，后二者认为数学是分析的。所以问题就在于，数学怎么可能是先天综合的，同时又不提供神秘的和无法观察的领域的知识？康德在就职论文中认为，几何学的先天性来自于数学思考的主体而不是客体（“就职论文”，70—72）。正是这一点促使他形成了以下成熟观点：只有空间进入了感知的本质，才存在空间的先天知识。这样就有了作为直觉“形式”的空间的理论。

因此，客观知识有双重的起源：感性和知性。正如前者必须“符合”后者一样，后者也必须“符合”前者；否则两者的先验综合就是不可能的。说知性必须“符合”感性是什么意思呢？时间是所有感性的普遍形式，因此这个主张就等同于：范畴必须在时间中首先得到应用，并且相应地被“决定”，或者说限制。这样，实体概念用以作为其首要例证的东西，就既不可能是莱布尼茨的“单子”，也不可能是柏拉图的超领域抽象客体，而是暂时性的普通事物，这些事物在时间中持续，易于变化。如果这些事物具有客观性，那么按照空间是外感觉的形式这个理论，它们必定也是空间性的。所以，证明实体概念的“客观有效性”并不是去证明这个世界是由单子组成的。确切地说，世界是由普通的空间—时间客体组成的。关于客观性的哲学论证所要确立的不是抽象的、无视角世界的存在，而是要确立由科学和日常感知构成的常识世界：这个世界正是休谟怀疑论和莱布尼茨的形而上学所质疑的世界。因此，对于康德来说，在他对客观性的论证中说明下面这一点很重要：他所证明了的那些信念与牛顿科学为所有可感知物制定的原理完全一致。

## 统觉的先验统一

范畴的“客观”演绎开始于自我意识这个前提，按独特的康德用语来说，自我意识就是“统觉的先验统一”。理解这个短语很重要，它包孕着康德哲学的大部分思想。“统觉”是从莱布尼茨的形而上学中借鉴而来的一个术语，指主体能够说“这是我的”的任何经验。换句话说，“统觉”意味着“自觉的经验”。统觉的统一性就在于“‘我思’，它能够伴随我所有的知觉”(《纯粹理性批判》第 2 版，131—132)，这里又借用了康德转述的笛卡尔的说法。它由我的直接意识组成，即意识到同时发生的经验是属于我的。我直接知道，在两者都属于规定着我的观点的那个意识的统一体这层意义上讲，这个思想和这个感知都同等地属于我。这里，怀疑是不可能的：我绝对不会处于狄更斯在《艰难时世》中赋予格雷因太太临终之时的那种状态，即知道在房间某个地方有疼痛，却不知道疼痛是我的。这种对统一性的理解就叫做“先验的”，因为我永远无法从经验中获得它。我不能声称，因为这个疼痛有这样的特质，这个想法有那样的特质，它们就必定属于同一个单一的意识。如果那样做，我就犯了一个错误；我就会荒唐地把不属于我而属于别人的疼痛、思维或者感知都归到自己身上。所以，以我的观点来理解的统一性不是从经验得出的结论，而是经验的先决条件。它的基础超越了经验可以确立的任何事物。正如康德有时所称的，意识的统一“先于”直觉的所有材料(《纯粹理性批判》第 1 版，107)。

统觉的先验统一为我们的观点提供了最低限度的描述。我至少可以知道一件事：存在着意识的统一。怀疑这一点就等于不再有自我意识，也就等于不再从怀疑中寻找意义。我们的任务就在于说明，这个观点只有在一个客观的世界中才是可能的。

## 先验演绎

客观演绎跟它的前提一样有着“先验性”特征。它要表明的是，它的结论的真理性不是从经验中演绎出来的，而是在经验的**存在**中预设的。统觉的先验统一要想可能，条件是主体居于范畴所描述的这样一种世界：这是一个客观世界，其中的事物跟它们所看起来的可能不一样。这个论点简而言之就是：统觉的统一性描述了主体性的条件，在这种条件下，每个事物都是其所似并似其所是。但是，如果一个人没有客观真理的知识，他就不可能有主体性的观点。所以他必须属于一个事物的世界，这些事物可能不是它们看起来的样子，并且独立于他自己的视角而存在。



接近这个主旨的论点很难找到，并且重要的是，康德很不满意“先验演绎”，所以在第一部《批判》的第二版中将其推翻重写，把重点从上面给出的主观结论转移到现在要讨论的客观演绎上来。即使这样，结果仍很含糊。因此又加入一段，题为“驳斥唯心论”，以使对客观性的强调更具说服力。这段驳斥的要点是：通过说明“即使是在笛卡尔看来无可怀疑的内在经验（Erfahrung），也只有在外部经验（对于客观世界的经验）的假定下才是可能的”（《纯粹理性批判》第 2 版，275），来表明“我们对外部事物不止有**想象**，还有经验”。这个论点的风格比它的基本内容更加明显。看来至少包含三个思想：

（1）**识别经验**。经验论者通常假定，仅仅通过观察就可以知道经验。但是，事实并非如此。我不观察我的经验，只观察它的对象。因此，任何经验的知识都必然涉及它的对象的知识。但是，只有当我把这个对象识别为连续的，我才能拥有关于它的知识。任何对象，只有同时具有未被观察的时候也同样存在的能力，它才具备时间上的连续性。它的存在因此是不依赖于我的感知的。

（2）**借助时间的识别**。只有把经验放置在时间中，我才能够把经验识别为我的。因此我必须把经验归于一个主体，这个主体在时间中存在，通过时间而持续。我的统一性要求我的连续性。然而要持续就要有实体性，事物只有同时处于因果关系中才可能是实体性的。只有当我的过去可以解释我的未来时，我才能持续。否则，真实的持续与瞬间自我的无限序列就没有区别了。如果我确实能意识到我的经验，我由此就可以得出结论：我属于一个实体和原因这类范畴能被正确应用的世界，因为这些范畴被正确地应用于我。因此，自我意识的一个条件就是存在着我的经验暗示给我的客观秩序。

（3）**时间中的排序**。我有关于当下经验的特殊知识。要了解我的经验就要把它作为当下经验来了解。这一点只有当我在经验中区分了此时和彼刻时才有可能。所以在感知中固有着"时间秩序"，我要了解我自己，就必须知道这个秩序。但是只有当我能够参考独立的客体以及支配这些客体的规律时，我才能知道该秩序。只有到了那时，我才能把时间描述为经验发生的一个维度，而不是一系列不相关的瞬间。时间的真实性在经验中被预设，这种真实性又预设了一个客观序列的真实性。只有通过参照那个序列，参照建构它的持续存在的客体，我才能识别我自己的感知。

这些思想在康德著作中都不如我的概述表达得那么清晰。公平地讲，先验演绎从未能提供一个令人满意的论证。它的所有说法都涉及从意识统一通过时间向主体同一的过渡。休谟指出，我们对客观知识的一切主张都涉及从统一到同一的过渡；

他还认为这一点永远不会被证实为合理。康德没有发现可以用来回答休谟的术语。不过,他的事业对后来很多的哲学家产生了吸引力,那些与先验演绎中勾勒出来的相类似的论证在近些年又重新复兴,尤其值得关注的是被路德维希·维特根斯坦(1889—1951)复兴。维特根斯坦在《哲学研究》中提出著名的"私人语言"论证,主张不存在不参照公共世界的关于经验的知识。我能直接地、不受影响地认识我自己的经验,但这只是因为我把从公共用法中获得意义的概念应用到我的经验身上。公共用法描述了一个实在,除我之外,其他人也能观察到这个实在。我的语言的公共性保证了它的指称客观性。对很多人来说,维特根斯坦的论证似乎很有说服力,它同先验演绎有着一样的前提和结论。然而,它不依赖于时间的形而上学学说,而是依赖于指称和意义学说。它没有直接声称主体依赖于客体,而是表明,主体依赖于主体**共同体**,从而也就依赖于确立了共同参照系、可被公开观察到的世界。

如果这是正确的,先验演绎就具有重大意义。它确立了我的世界的客观性,同时又并没有采取我之外的视角。在《沉思集》里,笛卡尔在证明外部世界的过程中,试图通过确立一个无所不知的上帝的存在走到主体视角之外:世界于是就被证实为上帝(不从某个具体视角看待的)意识的对象。康德"先验"方法的精髓在于它的自我中心论。我能够问的所有问题都必然根据我自己的观点来问;所以它们必然带有我的视角,即"可能经验"的视角的印记。这些问题的答案不是要在企图上升到理性存在者的过程中去寻找,理性存在者不靠经验就能认识,而是要在我自己的经验本身中,去寻找对于怀疑论质疑的回应。先验方法在视角的先决条件中去发现每个哲学问题(问题必须是根据该视角提出的）的答案。

## 原则

康德认为每个范畴都与一个原则相对应，这个原则的真实性是在运用中被预设的。原则是范畴的“客观应用规则”（《纯粹理性批判》第1版，161；《纯粹理性批判》第2版，200）。这些原则是先天真理，包含两个方面。它们指出，如果我们真要去思考的话我们必须怎样思考；在客观方面，它们指出，如果世界是可理解的那么世界必须是怎样的。通过这些原则，范畴“为表象，从而也为本质先天规定了法则”（《纯粹理性批判》第2版，163）。也就是说，它们规定着涉及日常世界和科学观察的先天综合真理。它们不是关于“物自体”的先天真理。对于不参照我们的感知来进行的世界，它们不提供关于这个世界的知识。先天综合知识仅仅是针对“可以成为可能经验之对象的事物”（《纯粹理性批判》第2版，148）。在这个领域，原则陈述了客观和必然的真理，因为范畴“必然地并且先天地与经验的对象相关，其原因是只有通过范畴，经验的对象才能被思考”（《纯粹理性批判》第1版，110）。为“可能经验的对象”所作的限制对康德哲学尤为重要，他反复强调“在可能经验的领域外不存在先天综合原则”（《纯粹理性批判》第1版，248；《纯粹理性批判》第2版，305）。我们必须常常牢记的是：康德希望承认先天知识，但也希望否认莱布尼茨非观察形而上学的可能性。

我有意集中讨论实体和原因这两个范畴。康德把这些与第三个范畴，即共存性或者互相作用相联系。这些概念曾是休谟怀疑论攻击的主要对象。它们也是莱布尼茨形而上学的关键所在，实体这个概念是他分析的起点；“充足理由律”——康德把

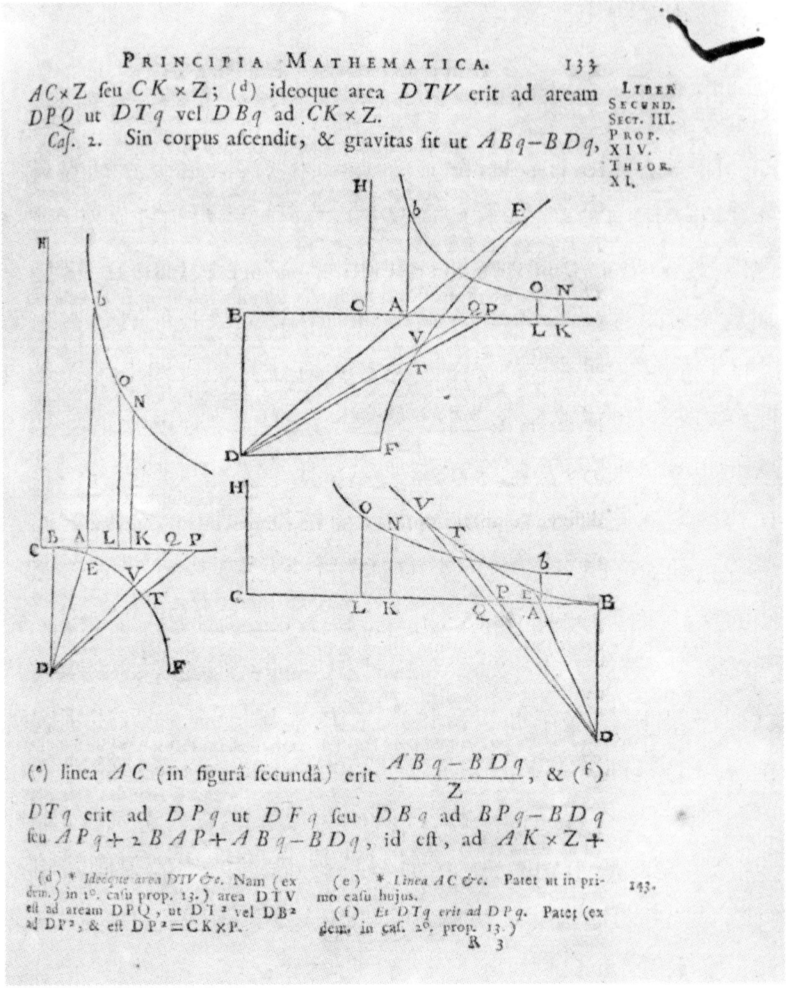
PRINCIPIA MATHEMATICA. 133

$AC \times Z$ ſeu $CK \times Z$; (d) ideoque area $DTV$ erit ad aream $DPQ$ ut $DTq$ vel $DBq$ ad $CK \times Z$.

*Caſ.* 2. Sin corpus aſcendit, & gravitas ſit ut $ABq - BDq$,

LIBER SECUND. SECT. III. PROP. XIV. THEOR. XI.

(e) linea $AC$ (in figurâ ſecundâ) erit $\frac{ABq-BDq}{Z}$, & (f) $DTq$ erit ad $DPq$ ut $DFq$ ſeu $DBq$ ad $BPq - BDq$ ſeu $APq + 2BAP + ABq - BDq$, id eſt, ad $AK \times Z +$

(d) * *Ideoque area DTV &c.* Nam (ex dem.) in 1°. caſu prop. 13.) area DTV eſt ad aream DPQ, ut $DT^2$ vel $DB^2$ ad $DP^2$, & eſt $DP^2 = CK \times P$.

(e) * *Linea AC &c.* Patet ut in primo caſu hujus.

(f) *Et DTq erit ad DPq.* Patet (ex dem. in caſ. 2°. prop. 13.)

243.

R 3

图 11 牛顿的《原理》：关于运动的数学



它与因果关系相联系（《纯粹理性批判》第 1 版，200—201；《纯粹理性批判》第 2 版，246）——是支配他的论证的原则。康德对这些概念的探讨引起了极大而持久的兴趣。他把它们置于客观性问题的核心位置，并在分析过程中表达了他认为什么是自然科学的形而上学基础。他在“经验的类比”这一节中导出了相关的原则；就是在这里，康德给出了关于客观知识本质的一些具有革命性的提示。

康德将所有哲学思想划分为四要素和三要素，这让人有些困惑。但是，在论及实体和因果关系的时候，有一个特别的原因可以解释，康德为什么坚持认为应该有第三个基本的概念和它们相关；也就是说，康德希望他的研究结果与牛顿三大定律相呼应。科学的解释依赖于方法原则：既然在科学探究中已被预设，这些原则就不能再通过科学探究来证明。康德相信，这样的原则会被反映在基本的科学定律中；为这些原则得到承认提供基础，这是形而上学的任务之一。

康德时代的物理学似乎先天地假设存在着普遍的因果关系，也存在着相互作用。当时的物理学假定，必须解释的是物质经历的变化而不是物质的存在；它还假定守恒定律是必要的，根据这一定律，在所有的变化中某个基本的量始终保持不变。康德认为，正是这些假设引导牛顿形成了他的运动定律。因此，在导出他的原则的过程中，康德便试图确立“作为知性定律的普遍自然定律的有效性”（《未来形而上学引论》，74），并且进一步声称，新天文学的所有基本定律经过反思都可被视做建立在先天有效的原理之上（《未来形而上学引论》，83）。

支持牛顿力学的同时又抨击休谟对因果关系的怀疑，这两者混合在一起。康德试图表明因果关系是必然的，不仅是在客体必然处于因果关系中（凡是事件都有原因）这层意义上，而且在它们自身就是一种必然联系这层意义上。

“经验的类比”这一节包含了太多论点，这里无法详细解释。与“分析论”的其他重要段落一样，它们在第二版中都被大幅度重写,对“原理”的实际表述也作了重大调整。但是有两个论点,因为它们后来的重要性,应该被特别提出来。首先,康德认为,对变化的所有解释都要求设定一种不变的实体,用来证明科学中“守恒定律”这一基本定律的有效性。继笛卡尔之后,他的论点为研究科学方法的本质提供了最重要的见解,并且沿着“科学统一性”的现代观念迈出了清晰的一步。根据这个观念的一种看法,在解释每个变化的时候,都涉及一个单一的守恒定律,因此也涉及一种单一的物质(比如能量),其转化定律支配着整个自然界。

其次,康德在第二类比中维护了一个重要的形而上学观点:“原因与结果的关系是使我们的经验性判断具有客观有效性的条件。”(《纯粹理性批判》第1版,202;《纯粹理性批判》第2版,247)只是因为我们在现实世界能够找到因果联系,所以能假定世界是客观的。这是客观性和持续性之间的联系带来的结果:因为事物能持续,所以我能区分它的表象和实在。但是,只有当存在一根因果关系之线把事物的各个时间部分连接起来,事物才能持续。这张桌子现在之所以如其所是,是**因为**它过去如其所是。客观性对于因果关系的依赖,与因果关系对实体的依赖相类似:我们的因果律能得到运用,只有以事物能持续这个假设为前提。“因果性导向行动这个概念,行动的概念又导向力的概念,力的概念又导向实体的概念。”(《纯粹理性批判》第1版,204)这一点,我们能简单总结如下:我们要探究事物实际上如何,只有通过找出它们看起来如何的原因;我们要发现原因,只有通过假定存在一个包含持续事物的领域。

因此,关于一个独立客体的思想涉及到关于因果性的思想,而在康德看来,因果性是一种必然性。因此,了解关于世界的真理即是了解必然性：了解什么是必然的，原本可能是什么。这个观点与经验论者的观点根本冲突，经验论者认为，自然中没有必然性；也与那些现代理论相悖，现代理论认为，我们对现实形成基本看法时所牵涉的思维过程，比理解必然性和可能性时所牵涉的要简单。

所有这些引人注目的观点都产生于一种企图，即企图对物理世界的客观性给出一种（可被称为）充分“丰富”的表述。任何认真对待康德观点的哲学家都会看到，把客观秩序概念“降解”为单纯的经验概括是何等困难。所以，他会承认，不仅康德所批判的怀疑论令人难以置信，作为怀疑论开端的经验主义认识论亦是如此。

## 结论

原理具有先天的有效性，但这只是就“可能经验的客体”而言。经验论者否认这样的先天原理的可能性，这是错误的；但是他们假定我们对于世界的观点在一定程度上是知识的组成部分，这却是正确的。我们能先天地认识世界的前提是，世界有可能向我们的观点呈现一个表象。想要超越这种观点，不利用任何可能的感知去认识“存在于自身”的世界，这是徒劳。因此，所有想要证明莱布尼茨充足理由律的企图“都已落空，这是相关人士所公认的”（《纯粹理性批判》第1版，783；《纯粹理性批判》第2版，811）。但是康德认为，原理的“先验”等价物是可以证明的：充足理由律因此成为了因果律，即经验世界的任何事件都受因果关系的制约。这是一条先天真理，但只适用于“表象世界”，因此也只适用于时间中的事件。康德对这一点很自信，但是莱布尼茨哲学的许多追随者认为，他们**已经**为充足理由律提供了证明——鲍姆嘉通就是其中的一位。另外鲍姆嘉通有个学生名叫埃伯哈德，他试图证明批判哲学不过是对莱布尼茨哲学体系的重新表述，充足理由律不仅对康德哲学来说是必要的，而且也是可以先天论证的。这是为数不多康德觉得有必要作出回应的、对《批判》的几个批评之一（见出版于 1790 年的《论发现》中）。康德表明，“不与感知直觉相关联”（《康德—埃伯哈德争论》，133）是无法证明充足理由律的。他强调，纯粹理性在概念范围之外是无法对任何关于世界的实质性真理有所帮助的。他还认为，充足理由律只有通过他的“先验”方法才能确立，这种方法把认识对象与认知者的能力关联起来，只先天地证明那些决定经验条件的定律。

莱布尼茨的追随者们徒劳地试图只在“纯粹理性”基础上建立知识，这是“先验辩证法”的论题。沿着康德批判哲学的脉络，我们能发现他所说的“先验唯心论”到底是指什么，为什么他认为“先验唯心论”能在经验主义与理性主义之间找到中间道路。

第四章

# 幻相的逻辑

如果运用得当，知性会产生真实客观的知识，但另一方面，知性也会诱人产生幻相。在对“纯粹理性”的探究中，康德试图诊断和批判的正是这种诱惑。他的论证再次同时拥有主观面和客观面。他描述了一种特别的能力，即不合常理地运用理性。另外，他推翻了该能力诱使我们提出的所有关于知识的主张。在“先验辩证法”中，他研究的主题是理性主义形而上学。他将形而上学分为三个部分：第一部分是理性心理学，研究灵魂的本质；第二部分是宇宙论，研究宇宙的本质以及人类在宇宙中的地位；第三部分是神学，研究上帝的存在。进而康德声称，每一部分都按照各自的虚幻论证，朝着谬误而不是真理展开。对这些错误的分析遵循一种普遍的模式。纯粹理性试图确立它被迫趋向的形而上学信条，但每一次努力都逾越了经验的界限，以不受直觉能力约束的方式应用概念。因为只有结合概念和直觉才能形成判断，所以这样的努力无法产生知识。反之，脱离“经验条件”的概念是空洞的。“纯知性概念**永远不**允许先验的应用，总是只允许**经验**的应用。”(《纯粹理性批判》第 1 版，246；《纯粹理性批判》第 2 版，303）与此同时，既然概念自身含有这种“无约束”应用的倾向，知性便存在着一种不可避免的弊病：

“纯粹理性”夺取它的功能，范畴由知识工具转变为幻觉，也即康德所称的“理念”的工具。

在这里，为了确切了解康德自认为在“分析论”中已经确立的东西，我们需要再次考察一下先验唯心论。我们在康德的理论中发现了一个关键性的歧义，这种歧义持续出现于第二和第三部《批判》中。

## 表象与实在

康德经常将先验唯心论描述成如下理论：我们只拥有“表象”的而非“自在之物”（或“物自体”）的先天知识。他的追随者和批评者曾围绕“物自体”展开激烈的争论。摩西·门德尔松把它看做一个特殊的实体，所以表象是一种东西，物自体是另一种。受康德学生贝克的影响，其他人用“物自体”来指代一种描述方法，所描述的正是同一个对象，我们知道它是表象。康德支持第二种解释，这在他与贝克的通信以及《实践理性批判》中的很多段落得以体现。在一封写给《纯粹理性批判》主要追随者的信中，康德说：“所有可以给予我们的客体都可以通过两种方式概念化：一种是作为表象概念化；另一种是作为物自体概念化。”（《康德哲学通信：1759—1799》，103 页注）。但是毋庸置疑的是，在这个问题上他并没有给出任何定论，这导致了批判哲学的关键性歧义。

康德还声称，范畴可以应用于“现象”，但不能应用于“本体”。现象是“可能经验的客体”，而本体是只有通过思考才能认识的对象，如果将它描述成经验的对象，则毫无意义。人们很自然地将这两个区别联系起来，假定康德相信表象或现象通过经验可以认识，而物自体仅仅是本体，完全不可知，因为没有什么能仅通过思考来认识。比如，康德说，“本体”这个概念只能否定性地用以指代人类认识的限度，而不能肯定性地指代自在存在之物。所以“将对象划分为现象和本体，将世界划分为感性世界和知性世界……从积极意义上来讲是根本不能接受的”（《纯粹理性批判》第1版，255；《纯粹理性批判》第2版，311）。在此种情况下，“物自体”并非实体，而是一个术语，代表非观察认识这个无法实现的理想。

“表象”表明了康德论述中的歧义性。这个术语有时被用做及物，有时是不及物的。在康德笔下，“表象”有时似乎是“**属于**”事物的“表象”，它们的实在性是隐藏的。另一些时候，表象又似乎是独立的实体，它们的名称源于我们观察并发现了它们的本质这个事实。在第二种意义上，“表象”一词与我们的物理对象的观念相对应。表象可以被观察到，它存在于空间中；它与其他表象和观察它们的存在者建立了因果联系。表象受科学规律的支配，是或可能是发现的对象。它可能就像看起来那样，也可能并不如此。它可以同时拥有次特征（客体所拥有的仅与特定感官经验相联系的特征）和主特征（属于对象内在构成的特征）（《纯粹理性批判》第1版，28—29）。简而言之，表象拥有物理对象的所有特征。照此理解，认为表象也是属于某物的表象，这肯定是前后不一致的。因为，根据康德自己的理论，被认为是表象之基础的“某物”只能是“本体”，然而关于本体不可能作肯定的描述。尤其是，说本体引起表象或是与表象存在任何其他关系都是毫无意义的（或者至少是空洞的）。（康德的批评者，例如门德尔松和舒尔策就很快抓住这一点，并将其作为先验哲学的主要弱点提出。）有时在康德笔下，每一个对象的确都似乎是某个“物自体”的表象，表象必须“基于现实”，现实本身不仅仅是表象。然而，由于这与他所提出的认识理论（该理论既不容他知道也不容他表达他想说的意思）不一致，我们暂时必须把物自体当成一种非实体。正如我们将看到的，存在着一些相反的理由使康德否认自己正式发表的理论。但是如果我们在此节点上优先接受这些理由以及从这些理由中产生的对立学说，讨论就不可能继续下去。

## 现象与本体

《纯粹理性批判》的第一版含有对先验唯心论的详细阐释。但是在第二版中被康德删除了，可能是因为这加重了上述歧义性。康德还增加了“驳斥唯心论”一节（见 44 页），旨在为客观性提供正面的证据，同时也为被归于贝克莱的“经验唯心论”提供反证。经验唯心论认为，“经验”客体不是别的，正是知觉，若超出观察者的经验，科学世界的现实性就不复存在了。所有的经验客体都变成了“理想”实在，在我们关于这些实体的概念之外没有现实性。康德认为，与此相反，先验唯心论是经验实在论的一种形式：它暗示了经验客体是实在的。

康德断言先验唯心论以经验实在论为条件，这一点很难作出解释。比如他辩称，空间和时间都具有经验的实在性，也具有先验的观念性（《纯粹理性批判》第 1 版，28；《纯粹理性批判》第 2 版，44）。这可能意味着，如果从经验的角度观察，我们便能认可空间和时间的实在性；而从先验的角度来看，空间和时间便“什么也不是了”（《纯粹理性批判》第 1 版，28；《纯粹理性批判》第 2 版，44）。然而，正如康德所承认的，先验观点这一概念极具争议。这不是我们所能采取的观点，因此对它我们也无法获得肯定概念。康德理论简单来说有如下几点：经验客体是实在的，而先验客体是观念的。先验客体不可感知,并且不属于空间、时间和因果性的世界。莱布尼茨的“单子”就是这种客体,因而必须总是存在于想念它的心灵中的纯观念,没有独立的实在性。但是,何为经验客体呢?答案明显是,“任何通过经验被发现或被设定的客体”。

以上陈述的是一种形而上学的观点,与康德的认识理论完全符合。总之,我们在描述经验对象和先验对象的差别时,是描述为存在的对象与不存在的对象之间的差别,还是描述为可知的对象与不可知的对象之间的差别,都无关紧要。因为,借用维特根斯坦的话来说,“不可言说的就不要说”。于是,经验客体与先验客体之间的区别似乎又与现象与本体之间的区别一致?前者是可知的,后者是不可知的,因为本体的概念只能被否定地运用,以划分经验的限度。所有的本体都是先验客体,而所有先验客体都仅仅是“可理解的”(即通过经验不可认识),因而都是本体。所以,以下三组区别看来是一致的:现象和本体,经验客体和先验客体,表象和物自体。在对莱布尼茨的长篇讨论,即从“分析论”到“辩证论”的过渡段落中,这一点实际上就是康德所要说的(特别是在《纯粹理性批判》第1版,288—289;《纯粹理性批判》第2版,344—346)。很多学者不接受这种解释,但是在我看来,如果我们不接受,康德就显得过于前后不一,这与他的睿智不符。

所以,发现贯穿于康德“表象”概念的歧义性也出现于他的“现象”概念中,这一点并不让人感到奇怪。“现象”一词有两种解释,有时可以用来指代独立于观察者而存在的实在的可感知客体,有时也可以用来指代一种心理“表征”(或用现在的话说,“意向客体”)。在后一种解释中,现象成了主观的(它是其所似，又似其所是）。确立它的存在就无法保证它的客观性。如此一来，康德的立场（即我们可以认识现象）和他所驳斥的经验唯心论之间就不存在大的区别了。与经验唯心论者相比，就连莱布尼茨也容许我们的“观点”中存在更多的客观性，因为他引入了“有充分根据的现象”这一概念（见 24 页），根据这个概念，表象的稳定性足以保证存在与似在之间的区别。莱布尼茨研究“现象世界”的方法肯定对康德产生了影响，也许比康德愿意承认的更多。但是他希望在确立表象世界的客观性的道路上走得更远，而不是止步于此。

从所有这些我们可以清楚地看出，对“现象”、“表象”和“经验对象”的唯一可接受的解释是，它们都在物理世界中有所指。表象包括桌子、椅子和其他类似的可见之物；也包括只能通过它们的结果如原子（《纯粹理性批判》第 1 版，442；《纯粹理性批判》第 2 版，470）和最遥远的星星（《纯粹理性批判》第 1 版，496；《纯粹理性批判》第 2 版，524）才能观察的实体。这些“理论的”实体也拥有实在性，这种实在性来自空间和时间中的存在，以及由范畴所规定的秩序。它们与认识它们的心智结成特定的因果关系，所以它们也是可感知的。换句话说，任何科学研究的对象都是“现象”，所有的现象原则上都是可知的。但除此之外其他东西都是不可知的。“除了感知和经验从该感知推进到（即科学推理）其他可能的感知之外，没有什么被真正给予了我们。”（《纯粹理性批判》第 1 版，493；《纯粹理性批判》第 2 版，521）至于本体的观念，它“不是客体的概念”，而是一个“与我们感性的限度不可避免地息息相关的问题”（《纯粹理性批判》第 1 版，287；《纯粹理性批判》第 2 版，344）。

## 绝对者

康德在“辩证论”中意图表明，我们无法认识“如其所是的世界”，意即被视为与认知者的观察无关的世界。如康德所言，我们不可追求“绝对”知识。同时，似乎不可避免的是，我们又应当这么做。每一次通过论证确立某物时，我们都假设了前提的真理性。因此，前提描述了结论为真的“条件”。但是这一条件是否具有真理性呢？这也必须通过论证来确认，并且结论总是，它只有“有条件的”真理性。所以理性（在推理的伪装下）不可避免地会引导我们寻求“绝对”，即其真理性并非来自任何其他根源的最终前提。理性的这个“观念”包含所有形而上学幻相的来源。因为，我们可以合理宣称的所有知识都从属于可能经验的“条件”。渴求关于绝对者的知识就相当于渴求超越使知识成为可能的那些条件。

康德认为，超越的努力是不可避免的。我们不仅寻求超越包含于经验可能性中的那些条件，而且渴望认识“如其所是的”世界，这个世界不受制于实体和原因之类的范畴可能让它从属的条件。事实上，这些努力毫无二致，因为正如“分析论”所指出的，这两组条件是一样的。在任一情形下，理性对“绝对者”的趋近都是对未被观察角度所影响的知识的追求。理性总是努力不预设任何角度去看待世界，正如莱布尼茨所做的。



## “纯粹理性”

从康德的认识论出发，理性必须被看做最高的认知能力，所有具有自我认识特征的能力都应归于理性。除了用于知性（形成判断），理性还能合理地以另外两种进一步的方式应用：

一种是用于实践,另一种是用于推理。实践理性不能被视为知性的分支,因为它不形成判断(不论断真与假)。但是,实践理性的应用是合理的:我可以理性地思考去做什么,而且我的行动可以是这个过程的合理结果。作为使一项判断导出逻辑结论的实践,推理也是合理的。但是与知性不同,推理并不应用任何属于自己的概念(因为推理似乎给前提"添加一个概念",因而是无效的)。

只有当**纯粹**理性融入了我们的思想时,"幻相的逻辑"才开始迷惑我们。纯粹理性力图用去除了所有经验条件的"理念"而非"概念"作出属于自己的判断,这个事实使纯粹理性独具特色。幻相的逻辑是"辩证的":它肯定不可避免地导向谬误和自相矛盾。这种谬误倾向不是偶然的,而是固有的。理性无法从"理念"着手去认识世界,并且避免那些等在路上的错误。只要我们一离开可知的经验领域,踏上寻找遥远的"绝对"世界的征程,就已经犯了这些错误。与此同时,我们也无法拒绝诱惑,必定会踏上追求先验世界这徒劳的旅程。正是因为我们拥有的关于世界的观点,才创造了不从感官经验来看待的世界的"理念"。因此,我们总是致力于"为知性的有条件认识找到绝对性,借此使有条件者的统一得以完成"(《纯粹理性批判》第1版,307;《纯粹理性批判》第2版,364)。



## 纯粹理性与形而上学

康德对思辨形而上学的主题进行了重要的三重划分,这一点我已提请读者注意。在"先验心理学"中,理性产生了自己的灵魂学说;在理性宇宙论中,理性尝试描述"绝对总体"这一形式的世界;在神学中,理性创造了一个统治先验世界的完美存在者的理念。康德将这种划分附会于传统观念，“形而上学真正的研究对象仅有三个理念：上帝、自由和永生”(《纯粹理性批判》第2版，395页注)。自由的理念归于宇宙论，因为所有由该理念而生的形而上学问题都根源于一种信念，即存在着一种道德主体，它同时存在于自然界之中及之外。这是康德最重要的理论之一。但是我会将它留到下一章讨论。

## 宇宙论

宇宙论的幻相被称为“二律背反”。二律背反是一种特殊的谬论，我们可以在同一个前提下推出一个命题和它的反命题。在康德看来，二律背反不是真正的矛盾，因为构成二律背反的两个命题都基于错误假设，因而都是假的。他将“这种对立命名为**辩证的**，将矛盾命名为**分析的**”(《纯粹理性批判》第1版，504；《纯粹理性批判》第2版，532)。关于为何一个命题和它的反命题都是错误的，康德提供了各种迂回曲折的解释。也许没有必要被这种令人费解的逻辑所羁绊。康德所言的重点在于，在推出二律背反的每一命题时，必须作出同样的虚假假设。他的“批判”目的就在于根除这种假设，并表明这根源于应用了理性的一个“观念”。宇宙论中所涉及的假设是，我们可以思考“绝对全体”这一形式的世界。要实现这一点，就要超越“可能经验”的视角，并且努力从自然以外的视角将自然作为一个整体来看。这一理念的虚幻性显见于以下事实：从这种先验视角的前提，将导出“辩证的”矛盾。

举例而言，假设我允许自己接受整体自然界这一观念，这个自然界存在于空间和时间中。如果我现在试图把这种观点应用于判断，就必须超越我的经验视角，以把握所有经验对象的

图 12 康德一只手搭在星象仪上，思考道德律

总体。我必须试着独立于我在自然中的特定视角来设想自然的整体。如果能做到这一点，我就可以问自己：这个总体在空间和时间上是有限的还是无限的？它有没有界限？我发现自己能同样证明它们的正反两个答案。例如，我可以证明世界在时间上肯定有一个开端（否则，一个无限的事件序列肯定已经流逝了，而康德认为“完结了的无限”是个荒谬的观念）。同样我也可以证明世界在时间上必然没有开端（如果有开端，就得有理由表明它在开始时为何会开始，这也就等于荒谬地假设特定的时间拥有因果性质或是“自现”的能力，并独立于占据那个时间点的事件之外）。

假设作为整体的世界对自身的存在有所解释，这也会导出类似的矛盾。从这个假设出发，我可以证明世界在因果性方面自我依赖，由一条把每一时刻与前一时刻连接起来的无限的因果之链组成。由于链条开端这一观念——“第一因”的观念——是荒谬的，于是自然引出了“是什么导致了开端”的问题，而这个问题没有连贯的答案。同样我也可以证明世界的原因依附于他物，其存在从某种自身就是“自我的使因”或自因的存在中派生。因为如果没有这样的存在，自然序列中就没有原因可以解释其作用的存在。在此情况下，自然中任何东西都没有解释，而且也不可能说任何东西为何存在。

这类二律背反的根源在于试图超越经验视角而达到绝对有利的一点，从这一点能概观事物的总体（进而概观“自在存在”的世界）。如果我们假设自然是物自体，即如果我们从自然的概念中排除自然借以被观察的任何可能经验的参照因素，二律背反的证明便有牢靠的根基。“然而，由如此得出的命题所引起的对立表明，这个假设中存在谬误，进而使我们发现了作为感官对象之事物的真正组成。"(《纯粹理性批判》第1版,507;《纯粹理性批判》第2版,537)"绝对总体"的理念只适用于"物自体"(《纯粹理性批判》第1版,506;《纯粹理性批判》第2版,534),也就是说,不适用于任何可认识的事物。例如原因这一概念,它可以应用于经验对象的领域中来指明对象之间的关系,但是当它超出该领域应用于作为整体的世界时,就变得空洞了。于是,它便被应用于保证其正当性的经验条件之外,因而不可避免地造成了矛盾。

虽然如此,康德认为这些二律背反不应一经发现即被抛弃,当做错误来轻易排除。生成二律背反的那个总体之假设对于科学中一切最严肃的内容来说,既是原因,也是结果。设想一下我们准备接受关于宇宙起源的"大爆炸"假设。只有鼠目寸光的人才会觉得我们就此回答了世界如何开始的问题。又是什么导致了大爆炸?不管答案如何,都预设了某种东西已经存在。所以,这个假设不能解释事物的起源。对起源的探索将我们带入了无尽的过去。但是结果只有两种可能:或者不能令人满意(在这种情况下,宇宙论如何解释世界的**存在**呢?),或它最终走向**自因**的假设(若是如此,我们就留下了未回答的科学问题而在神学中寻找避难所)。科学本身通过把我们逼向自然的极限而将我们推向二律背反。但是如果不能同时超越这些极限,我又如何能认识它们?

康德详细分析了二律背反,认为两个方面总是分别与理性主义和经验主义相对应。于是他借机再次探究了那些哲学理论中的各种错误。因此而生的论述异常复杂,所引起的哲学评论并不少于第一部《批判》中任何内容所引起的。康德对体系的钟爱促使他将意义与性质全然不同的论点结合在一起。但是在大量的推理背后，是出自一个哲学家笔下、有关科学方法的最敏锐的论述。康德的论述启发了如黑格尔和爱因斯坦那般的各种思想者，并且极少有人不困惑于康德所揭示的问题。我如何**能够**将世界作为总体来看待？如果我不能，又如何解释？如果不能解释一切事物的存在，我又如何能解释任何一个事物的存在？如果永远囿于自己的观点，我如何能洞穿大自然的神秘？

## 神学

我已经讨论了康德的第一个和第四个二律背反。后者将我们引入神学，并且引入康德随后的一个意见：自因的理念本身是空洞的，将其应用于判断只会产生矛盾。在"理性的目标"这一章中，康德回顾了关于上帝存在的传统论断，并给它们进行了一个现已广为人知的分类。他说，关于上帝的存在仅有三种论断："宇宙论的"、"本体论的"和"物理神学的"。第一种包括了所有如下论断：它们从一些有关世界的偶然事实以及"为何会如此？"这样的问题出发，假定必然有一个存在者。其中一个版本就是之前所讨论的"第一因"论断：仅当一系列的原因始于一个自因，任何偶然的事实才能最终得以解释。第二种包括为了脱开偶然基础（因为它们可能是错误的，可能会遭到质疑），而尝试从上帝的概念来证明上帝存在的所有论断。第三种论断包括所有来自"设计"的论断，它们以自然中的美好事物为前提，通过类比其原因的完美性来进行论证。

康德认为来自设计的论断"总是值得毕恭毕敬地提及。它最古老、最清楚、最能与人类理性共鸣。它使对自然的研究活跃起来，正如它本身也是从自然中推出自己的存在并不断从中获取新鲜力量"（《纯粹理性批判》第1版，623；《纯粹理性批判》第

2 版,651)。在第三部《批判》中他对这个论断为何吸引他作了更详尽的解释。康德不是无神论者,休谟的遗著《自然宗教对话》让他深感不安。《自然宗教对话》德文版的出版正当这部《批判》行将付印之时。康德曾对休谟的动机感到奇怪,但没有考虑他的论断(《纯粹理性批判》第 1 版,745,《纯粹理性批判》第 2 版,773)。休谟预示了康德自己对于理性神学的批判。但是他尤其鄙视源于设计的论断,认为它要么不能证明任何东西(因为在自然的完美与艺术的完美之间不存在真正的类比),要么充其量证明了一个并不比他创造的世界更完美的存在。康德对于源自设计的论断也不满意。然而,虽然他将该论断视为无效,但同时又认为它表达了一个真正的预感。所以他尝试从第三而非第一部《批判》的角度出发,为此论断提供全新的阐释。



源自设计的论断被视为一种理智的证据，它永远不可能比它所依赖的宇宙论的证据更加令人信服（《纯粹理性批判》第1版,630;《纯粹理性批判》第 2 版,658)。因为,只有基于世界拥有解释这个假设，世界才能归因于它。除非宇宙论的证据是有效的,否则这个假设就无足轻重。我们必须表明,我们可以超出自然之外,以假设存在一个超验的、必然的存在者。一切事物的秩序都基于这个存在者。这样一个存在者必定以自身为动因,而且他的存在不能仅仅是偶然的事实,因为若真是偶然,他便成了自然事件之链中的一环,而不是对这些事件的解释。一事物,只有当它的概念暗含着它的存在时,该事物才会必然存在。上帝的存在必须从上帝的概念导出,因为只有通过逻辑联系,概念才能解释任何东西。所以,所有三个论断最终都归结为本体论的论断,告诉我们上帝必须存在,因为存在属于上帝这个概念本身。

以其传统的形式，本体论论断不仅证明了上帝的存在,而且证明了上帝的完美。其他两个论断似乎都无法证明上帝的绝对完美：它们仍须依赖本体论论断提供宗教情感的理智基础。本体论论断如此展开：上帝是一个完美无缺的存在者；此完美必须涵盖了善、力量和自由；但是也必须涵盖存在。一个存在的 x 的概念是比 x 更完美的某物的概念，取消了存在也就取消了完美；所以存在即完美；所以从上帝作为完美无缺的存在者的理念，必然得出上帝是存在的。

康德对于本体论论断的反驳由于预示了现代逻辑理论而颇为人知，这种理论认为存在不是谓项。（当我说约翰存在、约翰是秃头、约翰吃牡蛎时，我赋予他两个属性而非三个。）莱布尼茨在讨论偶然性的时候已经认识到，存在与普通谓项大相径庭。虽然如此，他还是接受了本体论论断，并且没有看到这给他的哲学所带来的逻辑结论。说 x 存在并不能为它的概念增加任何东西：只是表明这个概念有相应的例证。确实，将存在引入某事物的概念已经含有一个谬论（康德甚至称之为矛盾）（《纯粹理性批判》第 1 版，597；《纯粹理性批判》第 2 版，625）。因为如此一来，断言该事物存在便成了空谈。这种断言对于从概念到现实没有任何促进作用，因此它没有确认任何事物的存在。本体论论断声称存在即完美。但是它不可能成为完美，因为它并非一种属性。康德认为，如果该论断是有效的，接下来必然推出，上帝存在这个判断表达了一种分析真理。然而，存在并非谓项这一理论意味着，所有存在命题都是综合的（《纯粹理性批判》第 1 版，598；《纯粹理性批判》第 2 版，626）。

## 理性观念的调节性运用

对"幻相的逻辑"进行批判之后，康德继续用相当长的篇幅，并且用一个已完成智力劳动的作家所常有的轻松而开朗的风格，继续论证说毕竟存在着对理性观念的合理运用。诸如绝对总体和必然存在的完美创造者这样的观念，若着眼于它们的“构成性”角色，即把它们视为对现实的描述时，便产生了幻相。然而，正确方法是把它们视为“调节性原则”(《纯粹理性批判》第1版，644;《纯粹理性批判》第2版，672)。如果我们假定这些观念符合实在，那么我们便会被引导去形成真正的假设。例如，秩序和总体的理念引导我们提出日益宽泛、简单的规律。就此而言，经验世界变得愈加容易理解。对理性的这种“调节性”运用是基于经验观点之内的应用。构成性运用则试图超越这个观点，进入理性的幻觉领域。这种矛盾不是根源于观念本身（观念本身并不矛盾，而仅仅是空洞的)，而是出自对它们的错误应用。康德有时通过强调理性诸观念的调节性功能，把它们称做**理想**。



于是，“至高无上的存在者的理想无非是理性的一种**调节性原则**，指引我们将世界上所有的联系看成是源自一个完全充足的必要原因”(《纯粹理性批判》第1版，619;《纯粹理性批判》第2版，647)。这样看来，它就是知识而非幻相的来源。它所产生的知识仍然受限于可能经验的条件:换言之，它与范畴相符，而且没有超越范畴的合法领域而进入超验领域。观念“并没有告诉我们对象是如何组成的，而是表明我们应如何在理念的指导下**寻求**确定经验对象的构成和联系”(《纯粹理性批判》第1版，671;《纯粹理性批判》第2版，699)。于是，理性从徒劳的思索被拉回到经验的世界，将形而上学的幻相替换为经验科学的实在性。

## 灵魂

康德关于灵魂以及“自我”概念(灵魂正是在此概念中得到了初步的描述)的论述是他的哲学中最微妙的部分之一。给出的描述包含于两个复杂的论证:第一个在“辩证论”开始的时候,康德在此抨击了关于灵魂的理性主义学说;第二个在第三条二律背反以及《实践理性批判》中,他在其中论述了道德的本质。

探究理性主义之灵魂学说的“纯粹理性的谬误推理”那一部分在第二版中进行了重大修改。这也许是因为批判哲学的这个方面形成了先验演绎之多方面论断的一部分,对于这个部分康德极不满意。康德在“分析论”中的论断始于对自我意识之独特实在性的承认。我对于自己的思想状态有特有的认识,而这就是一种“原始的”或是“先验的”知性行为。理性主义者曾试图从这个特有认识中演绎出一种具体的知识对象理论。他们认为,鉴于自我意识的直接性,自我必须是意识真正的对象。在自我意识行为中,呈现在我面前的是有意识的“我”。我能够保有这种自我意识,即使在怀疑所有其他的事物时。此外,我必然意识到自己的统一。最后,我能直观地感觉到我在时间上的连续性:这不可能产生于对我身体的观察或是任何其他外部的来源。因此,得出以下结论似乎是自然的:仅仅基于自我意识这一点,我就知道自己有实体性、不可分割、持续存在,甚至可能不朽。康德认为这就是笛卡尔的论点。这个结论却也不是“笛卡尔式”意识观的古怪论调。正如所有理性的幻相,它是我们一开始反映面前的材料就被诱入的。每一个理性的存在都必然被引诱,认为自我意识那独特的直接性和不可违背性保证了它的内容。在每一次怀疑中，也许我仍然知道这是我，而且理性使我确信，对自己本质的这种谙熟为对灵魂之非物质性的确信提供了基础。此外，我无法设想自己的不存在，因为每一次尝试这般设想都要求“我”作为设想者。

这种推理是错误的，因为它从统觉纯粹形式的统一移向了灵魂学说所确证的实质统一。“作为范畴基础的意识的统一……将主体的直觉误认做对象，并且将实体的范畴应用于它。”(《纯粹理性批判》第2版，421)虽然统觉的先验统一使我确信，我当前的意识具有统一性，但是关于承载意识的东西，它没有告诉我任何其他内容。它没有告诉我，我是一个与“偶然”或属性相对的实体(即一个独立存在的客体)。(例如，它没有驳斥思想是身体的一种复杂属性这一观点。)“借由简单的自我意识来决定我存在的方式，不管这种存在是作为实体还是作为偶然，都是完全不可能的。”(《纯粹理性批判》第2版，420)如果我无法推断出我是一个实体，那我就同样无法推断出我是不可分的、不灭的或是不朽的。意识的统一甚至不能让我确信，在经验世界中存在着“我”这个词能应用于其上的事物。因为，归纳在统觉的先验统一概念下的自我意识的独特特征，仅仅是关于世界的“观点”的特征。借此描述的“我”并非世界的一部分，而是对世界的一种观察(事物显现的一种方式)。“因为这个我并非概念，而只是对内在感觉的对象的标示，因为我们对它的认识并不经由任何进一步的谓项。”(《未来形而上学引论》，98)于是，研究我们自我意识的特性就不等于研究世界**之中**的任何物项，而是在探索经验知识的极限点。“范畴的主体不可能通过思考范畴而获得自己作为范畴之对象的概念。”(《纯粹理性批判》第2版，422)。就我而言，把“我”变成意识的对象，这就和观察我自己视野的极限一样不可能实现。"我"是对我的观察的表达,但是并不指示其中的任何物项。作相反的假设则相当于不合理地从主体过渡到了客体;这就等于假设,**作为主体**,意识的主体同样能成为自己意识的对象。

康德得出如下结论:在"先验心理学"的前提——统觉的先验统一,和它的结论——灵魂的实体性之间存在着断裂。由于前者描述对于世界的观点,后者描述世界中的物项,理性不可能引领我们有效地从这一个走向另一个。无论正确与否,康德的建议为很多关于自我的后继哲学理论,从叔本华到胡塞尔、海德格尔和维特根斯坦,提供了基石。

有时康德会暗示,自我意识的"我"指的是一个先验的对象。因为看起来似乎是,在证明了"我"并非经验世界的一部分后,康德为我们提供了理由,把"我"视为存在于经验之外的物自体的世界。这不是康德之论点的合理结论,相反,这是对康德企图用"我"来揭示的谬误的又一次更微妙的重申。然而,这是康德倾向于赞同的结论,因为他认为缺少了这个结论道德将不可能。康德对实证的灵魂学说的寻求,并非通过纯粹理性,而是通过实践理性(《纯粹理性批判》第 2 版,430—431)。为了理解这个学说,我们必须探究他对理性主体之道德生活的描述。

第五章

# 绝对律令

在《实践理性批判》之前，康德先出版了《道德形而上学的基础》，对自己的道德进行了出色的概括。这两部著作研究的是“实践理性”：运用这种说法，康德有意识地重申古代关于理论知识和实践知识的区分。所有理性的存在者都能认识到了解真理和运用真理之间的区别。判断和决定都可以基于理性，并且通过理性来改进，但是只有判断才能为真或为假。所以，必须存在着一种方式来运用我们的理性能力，这种运用的目标不是真理而是其他的东西。这个其他的东西是什么？亚里士多德认为是幸福，而康德认为是义务。正是在分析义务观念的过程中，康德那独特的道德观得到了表达。

假定我们确立判断的客观性，并且为那些作为发现过程之基础的科学准则提供了必要的形而上学基础。然而，仍然存在客观性的另一个问题，这是由实践知识而非理论知识提出的。我们能客观地知道该做什么吗？或者我们必须仅仅依赖我们的主观倾向来指引自己吗？康德要解决的正是这个问题，通过解决这个问题康德为共同的道德直观提供了有史以来最形而上的、最抽象的基础。

## 自由的二律背反

康德的伦理学始于自由的概念。根据他著名的格言——“理应即能够”，正确的行为必须总是可能的。也就是说，我必须总是可以自由地去践行。道德行动者“判断他能够做某一件事情是因为他意识到自己应该这么做，并且他认识到自己是自由的。如果不是有道德律，他永远也不会知道这个事实”(《实践理性批判》，30)。换言之，道德实践将自由的理念强加于我们。但是康德认为，从理论的角度来看，这个理念包含着一个矛盾。在第一部《批判》的第三个二律背反中，康德揭示了这个矛盾。

发生在自然秩序中的每一个变化都有原因：这是分析论的“既定原则”，而且“无一例外”(《纯粹理性批判》第 1 版，536；《纯粹理性批判》第 2 版，564)。若果真如此，自然界中的每个事件就都受制于不可避免的必然性之链。与此同时，我视自己为我的行为的发起者，在不受外力约束的情况下，同时导致那些行为的发生。如果我的行为是自然的一部分，这似乎与自然中的每个事件都受制于因果必然性这一观点相悖。反之，如果不是自然的一部分，我的行为就处于因果联系之外，而我的意志也就不是自然世界任何事件的发起者。

如果我真的**是**自由的，那么这里只有一项矛盾。有时康德仅满足于声称，我必须设想自己是自由的。对于世界上所有的行为以至于理性的决定来说，一个先决条件是，主体是自己行为的发起者。而且，康德还提出，如果摈弃这种理念，我就会丧失自己作为主体的感觉。认为世界受制于必然性之链，这种理性视角同样认为世界是拥有自由的。康德偶尔会更进一步，主张实践理性是“首要的”(《实践理性批判》，120—121)，意思是

**所有的**思想都是对自由的应用，所以，如果实践理性不可能，我们就无法连贯地思考。在此情况下，我的自由的确定性就与任何事物的确定性同样显著。(在萨特的作品中，这个论断也出现了，只是多了些修辞。萨特有关道德生活的存在主义理论在很大程度上来自于康德。)如果这是真的，自由的二律背反就会变得尖锐起来。因为我们受实践理性所迫必须承认我们是自由的，但是出于理性我们必须否认这一点。

康德觉得这个二律背反必定存在解决之道，因为在实践领域，应用理性是合理的。实际上，正是实践理性告诉了我我是什么。**纯粹**理性走向自我矛盾的虚幻进程不应该阻止**实践**理性，二律背反必定能通过实践理性得到解决。纯粹理性对世界的解释似乎留有一个"空缺"，道德主体应该处于这个空缺中。"纯粹实践理性已经利用纯概念世界中一种明确的因果定律，即道德律填补了这个空缺。"(《实践理性批判》，49)这个全新的"因果定律"被称做"先验自由"，它规定了道德主体的条件。这条定律仅适用于自然领域(经验领域)。然而，自由不属于自然，而恰恰属于因果关系等范畴无法适用的"纯概念的"或是先验的领域。我存在于自然的世界中，正如存在于诸表象之中的一个"表象"。但是我也作为"物自体"存在，受到实践理性规律而非因果关系的束缚。这并不意味着我是**两种**东西，而是从两种截然相反的角度理解的同一物。因此，"认为**表象之物**(属于感觉世界)从属于某些定律，而这同一物作为**物自体**又独立于这些定律，这么说毫无矛盾之处"。此外，道德主体必须总是"以这个两重性理解和考虑自己"(《道德形而上学的基础》，453)。于是，自由就是一个并未应用于经验世界的先验"理念"。而且，得知我们是自由的，我们就可以知道我们是自然的一部分，也是先验世界的成员。

## 先验自我

先验自由理论既令人费解又十分吸引人。它的魅力在于有望进入先验世界，它费解的一面来自康德之前提出的证明：这种进入是不可能的。根据康德自己的论断，关于先验世界，我们无事可知，也说不出有意义的东西。康德认识到这个难点，而且承认“要求一个人以自由的主体这一身份把自己当做本体，同时又从物理自然界的视角把自己看成自己的经验意识中的现象”，这是“自相矛盾的”(《实践理性批判》,6)。他甚至进一步声称，尽管我们不能理解道德自由的事实，“我们却能理解它的**不可理解性**，公允地说，对于一种试图将它的原则推至人类理性极限的哲学来说，我们也只能要求这些”(《道德形而上学的基础》,463)。

如果把实践理性的基础——“先验自由”，与自然知识的基础——“统觉的先验统一”联系在一起，我们就能进一步解释康德的理论。我们观察世界的角度包括两个不同的方面，而且不管是意识的统一还是先验自由，都不能从我们关于经验世界的知识中推断出来。但是两者都获得了先天的保证，从而成为我们所拥有的知识的先决条件。前者是我们关于真理的所有知识的出发点，后者是所有慎思的出发点。说它们是先验的，并非是从它们包含先验对象的知识这个肯定方面来讲，而是从它们被对我们理性力量的合理运用所预先假设这个否定方面来讲。所以，它们处于可知事物的极限上。作为**观察**经验世界的角度，自由不可能成为经验世界的一部分。因此，关于我们自身的自由的知识成为了“统觉”的一部分，统觉规定着我们的视角。

（此解释的根据见于第一部《批判》，特别是第 1 版 546—547，第 2 版574—575。）

纯粹理性试图通过概念来了解先验世界。换言之，它试图形成积极的本体概念。这种尝试注定是要失败的。然而，实践理性并不在乎真理的发现，它不强加任何概念于它的对象。因此，它永远也不会将我们带入谬误，形成先验自我的积极概念。我们只是通过运用自由在实践上认识这个自我。我们无法将这种知识转化为关于我们本质的判断，但我们可以将它转化为其他东西。这所谓的其他东西就是根据实践理性的规律得出的，这些规律就是关于行动的先天综合原理。正如存在着可以从意识的统一中导出的关于自然的先天规律，也存在着可以从先验自由的视角导出的关于理性的先天规律。这些不会是关于真假的规律，它们不存在描述、预测和解释。它们将是关于做什么的实践规律。自由主体在所有实践推理中受制于它们，因为接受它们是自由的预设条件，而如果没有自由，实践理性将无法实现。



先验自我是一种视角，或是一种特殊的本体——的确，康德一直在这两种观点间摇摆不定。他甚至尝试通过实践理性来恢复那些关于上帝、灵魂和不朽的结论，这些结论在之前已被他斥为纯粹理性的幻相。暂时我不想跟随康德进入这些神秘的领域。但是读者们应该记住，我只是延迟讨论康德的伦理学说所引发的深奥的形而上学问题。

## 实践理性问题

康德关于自由的理念，放到它想要解决的问题的语境下会变得更加清楚。理性的存在者不仅是作为自我意识的知识中心存在，同时也作为主体存在。他们的理性并不疏离于他们的主体性，而是形成了其中的一部分。也就是说，对于一个理性的存在者，不仅存在着行动，而且存在着关于行动的**问题**（问题就是“我应该做什么？”），而这个问题需要一个合理的答案。我的合理性表现于一个事实，即我的一些行动是故意而为的（用康德的话来解释就是，它们来自我的“意志”）。对于所有这样的行动，都可以问这个问题：为什么那样做？这个问题并非寻求原因或解释，而是在寻求理由。假设有人问我为什么在街上打一位老人，若答“因为我大脑的电脉冲促使肌肉收缩，进而导致我的手触碰了他的头”，这个回答会显得荒谬且答非所问，不管它作为一种因果解释有多精确。若答“因为他惹恼了我”，也许显得不够充分，因为没有给出很好的理由，但却一点也不荒谬。理由是用来使行动合理化，而不是主要用来解释行动的。它们指向行动的根据，那是一个主体决定做什么的基础。

实践理性或关心目标，或关心手段。如果我头脑中有一个目的，我可能会审慎考虑运用手段来实现这个目的。所有的哲学家都认同这种推理的存在，但是很多哲学家觉得，它并没有显示对理性能力特殊的“实践”运用。这仅仅是付诸应用的理论理性。康德本人也同意这个观点。他认为“技术准则”（如何寻求达到目的的手段）仅仅是理论原则（《实践理性批判》，25—26）。怀疑论哲学家对此有更深入的探讨。例如休谟认为，在实践问题上理性没有其他作用。所有的推理都关心手段。理性不能产生我们活动的目的，也不能证明目的的合理性，因为用休谟的话来说，“理性是而且只应该是激情的奴隶”。我们的目的正是来自于“激情”，因为只有激情才能为行动提供最终的动力。仅当我们已经受到激励而决定遵从理性时，理性才能劝服我们采取行动。如果是这样，康德认为，就不可能存在客观的实践知识，因为理性无法解决做什么的问题。

康德认为实践理性是可能的。他肯定了一个（常识）信念：理性可以限制和解释的不仅是手段，还有目标。在这种情况下，就可能存在对实践理性的客观运用。之所以可能是客观的，因为它仅基于理性向所有理性存在者推荐行动的目的，而不管他们的情感、利益和欲望如何。然而，要想这一点成为可能，正如休谟所说，理性必须不仅解释我们的行动，而且要激发我们行动。如果理性不能同时**促使**我行动，理性在作决定的过程中就毫无作用。于是它就不是实践的。如果理性只能产生关于世界的判断和由此而生的推断，那么很难看出它如何**能**成为行为的动机。这样或那样的判断或真或假，依我的目的，它们可能促使我采取各种各样的行动。如果这些目的缘自"激情"，理性在决定行动方面就毫无作用。因此，理性能变成实践的唯一方法就不在于得出判断，而在于形成律令。律令并不描述世界，而是将自己赋予主体，如果主体接受，便决定主体做什么。因此，如果存在着仅从理性运用中而生的律令，那么理性本身就可以促使我们行动。"利用实践法则，理性直接决定意志。"（《实践理性批判》，25）



## 意志的自律

康德的道德哲学来自于对先验自由观念和理性律令的结合。他相信，关于目的的推断必须总是假设在他的形而上学中被视为可能的先验自由。自由是为自己的行动定制目的的力量。任何从外部根源引出的我的目的，同时也使我自己受制于那种外力。任何决定我行为的自然过程，都将它的原因的不自由性强加于我。于是我就成为了自然力量寻找其法则的被动渠道。如果我的行为被视为不自由，那是因为某种意义上来说这并不真的是**我的**行为。

由我发出的行动**只能**归因于我，因而是真正意义上的我的行为。就这种行为来说，我是自由的。不论何时行动，**我**都能自由地行动，而当一些其他的主体通过我采取行动，我便是不自由地行动。这引起了以下的问题：**我**是什么？答案很明显是“我是先验自我”，因为这从自然的因果性方面解释了我的自由。但是现在，康德在这个答案的基础上补充了意志的理论。不管何时我决定行动，一个行动便因我而生，这只是基于对**它**的考虑。我并不参考我的欲望、利益或任何其他的“经验条件”，因为这样一来自己就会受制于自然的因果性。我只是考虑这个行动，出于它自身的缘故而把它选定为它自身的目的。这就是自由行为，即单由理性引出的行为的范例。康德觉得，这样一种行为不能归因于“自然的”力量，或是“经验的”因果性之链。它自发地产生于形成我意志的理性过程。

于是，自由就是被理性支配的能力。在前一部分中讨论的理性律令是“自由的法则”：理性借以决定行为的原则。所以在“自然因果性”之外还存在着“自由因果性”，而自由无非是遵从前者，同时也许还背叛后者。康德将这种仅受理性激发的能力称做意志的自主性，并且他将此与受制于外在原因的主体的“他律”进行对比。康德所谓的外在原因是指任何属于“自然因果性”的原因，也就是任何不仅仅是从理性中找到的原因。因此一项缘自欲望、情感或利益的行为是“他律的”。

于是康德现在提出了能自律的**主体**的概念。这个主体可以克服所有来自他律的因素——例如自利和欲望——的驱使，如果它们与理性发生冲突的话。这样的存在者把自己假定为“先验存在”,因为他无视自然的因果性而总是将他的行为归因于“自由的因果性”。只有自律的存在者才拥有真正的行为目的(相对于纯粹的欲望对象而言),而且只有这样的存在者,作为理性选择的体现,才值得我们尊重。康德继续声称,意志的自律“是所有道德法则以及符合这些道德法则所依据的唯一原则。另一方面,意志的他律不仅不能成为任何义务的基础,而且与由此产生的原则相悖,与意志的道德相悖”(《实践理性批判》,43)。由于自律仅仅表现为遵从理性,又因为理性必须总是通过律令指导行动,所以自律被描述为“意志的一种特性,凭此特性意志成为它自身的法则”(《道德形而上学的基础》,440)。而且它是“人类本质以及所有理性本质的尊严的基础”(《道德形而上学的基础》,436)。

## 形而上学难点



现在我们必须回到先验自由的形而上学问题。其中有两个难点特别突出,因为它们与康德自己在莱布尼茨的理性主义形而上学中发现的难点相对应。首先,先验自我是如何成为个体的?是什么将**这个**自我变成了**我**?如果我的本质特征是理性以及由此而生的主体性,那么,既然理性法则是普遍的,我该如何与任何其他受制于这些法则的存在者区分开呢?如果本质特征是我关于世界的“**观点**”,那么康德该如何避免像莱布尼茨那样,将自我视做单子,这个单子正是由它的观点定义,但是却存在于它所“表征”的世界之外,不能与这个世界包含的任何事物建立真正的联系?

第二(或者倒不如说是继续之前的异议),先验自我如何与经验世界相联系?尤其是它如何与它自己的行为相联系,这种行为或者是经验世界的事件,或者完全无效?正如康德所承认的，我必须作为自然领域中的“经验自我”存在，同时作为自然领域之外的先验自我存在。但是，既然原因的范畴只能应用于自然，那么先验自我就仍然是一直无效的。在这种情况下，它的自由为什么如此宝贵？康德诉诸的观点是，原因的范畴指示时间（即前后）的联系，而理性与从理性中产生的行为的联系完全不是时间上的（《实践理性批判》，94—95）。在第一部《批判》（第1版538—541，第2版566—569）中，康德关于这一点的迂回讨论并没有清楚解释，提供给先验自我的理性如何能够激起（进而解释）经验世界中的事件。

关于这些难点，康德偏爱的立场可以用以下的断言来归纳：作为无法应用范畴的纯“理智”领域的成员，我们自己的观念“对于理性信念来说总是有用且合理的，虽然所有的知识都止步于这个领域的门槛”（《道德形而上学的基础》，462）。与此同时，康德继续认为人类自由的悖论是不可避免的：我们永远不能通过理论理性解决这个问题，尽管实践理性向我们保证它**有**解决之道。然而，我们必须承认“纯粹理性有权扩充自己的实践运用，这种扩充的程度在思辨运用中是不可能的”（《实践理性批判》，50）。所以我们可以放心地接受实践理性的裁断。当然，我们可以一直重新提出自由的问题：于是变成“实践理性是如何可能的？”我们知道它**的确**可能，因为如果没有它，我们观察世界的视角将会消失。但是“纯粹理性如何成为实践的——要解释这个问题已经超出了人类理性能力的范围”（《道德形而上学的基础》，461）。

运用令人信服的逻辑，康德可以从先验自由的基础上推断出一整套常识道德体系。既然在这个推断的最后还是没能解决自由的悖论，康德关于我们永远不能理解它的提法也许未必全错。

## 假设律令和绝对律令

实践思维可划分为假设律令和绝对律令。前者典型地以“如果”开头。例如，“如果你想留下来，就礼貌些。”在这里，目的是假设的，律令陈述了达到目的的手段。所有这类律令的效力可以根据“至高原则”——“想要达到目标，就要通过这个手段”来建立。康德认为这条原则是分析的（它仅从概念推断它的真理性）。但是，假设律令虽然可能是有效的，却永远也不可能是客观的，因为它们总是**有条件的**。它们只给那些之前提到的有目的的人（在以上提到的例子中，就是指想要留下的人）提供理由，而对其他任何人都没有约束力。甚至对于告诉我们做什么能让自己快乐的“慎重的忠告”来说，这也是正确的。因为根据人性，快乐的概念所指的是我们不可避免要去渴求的东西；将我们与快乐相联系的假设律令所以能普遍地运用，是因为人性是所有理性主体的普遍条件，但是它们并非**必然**能得到运用。“每一个人出于自愿而不可避免想要的东西，不从属于**义务**这一概念，因为义务是指**被迫**去实现一个非自愿选定的目的。”（《道德形而上学》，385）于是，所有的假设律令似乎仍是主观的，建立在个人欲望的基础上，而且没有一个与真正的“理性戒律”相符。

绝对律令一般不包含“如果”。它们告诉你**绝对**要做什么。不过，它们可能受到理性的辩护。如果我说“关门！”，那么我的命令是任意的，除非我可以回答“为什么？”如果我给出了满意的答复，那么律令便约束了你。然而，如果答案涉及了你的某种独立利益，这个律令就不再是绝对律令，比如“如果你不想受到惩罚，关门。”仅当答案将行为**本身**表现为目的时，我们才能拥有非任意的绝对律令。它的标志是出现了“应该”,例如“你应该关门。”在绝对的“应该”中,我们拥有理性的绝对律令。

跟随康德，将假设律令和绝对律令之间的这种常见的区别，与根据手段推断和根据目的推断之间的区别对应起来,这样做并非没有道理。于是实践理性的问题变成了“绝对律令如何可能?”此外,康德认为,道德只能通过绝对律令来表述。“义务这个概念要想有意义，要想对我们的行为有真正的律法权威，就只能通过绝对律令而丝毫不能通过假设律令来表述”(《道德形而上学的基础》,425)。遵从假设律令就意味着总是遵从前项所描述的条件。因此它总是涉及意志的他律。然而,遵从绝对律令,由于它仅源自理性,所以必须总是自主的。这样,康德同样将两种律令之间的区别与他律和自主之间的区别对应起来,从而将绝对律令的问题与先验自由的问题联系起来:“绝对律令之所以可能，是因为自由观念将我变成理智世界的一员。”(《道德形而上学的基础》,454)

但是,绝对律令要想成为可能,它们也需要一条说明理性如何发现它们的至高原则。所以,实践理性与理论理性所面临的问题同样宽泛,要求同样的答案。我们必须表明,综合的先天**实践**知识如何可能。正如我们所见,假设律令的至高原则是分析的。所以,假设律令对主体没有任何真正的要求,而仅仅是将主体的目的与达到目的的手段联系起来。然而,绝对律令提出的是真正的、绝对的要求:在这种意义上,它们是综合的。此外,由于它们的基础只存在于理性，它们必须先天地被视为依据。绝对律令的特有形式本身就阻止它从任何其他的来源——例如欲望、需要、利益或主体的任何其他“经验条件”——获得要求遵从的权威。尤其是,无法从“人类本质的特殊属性”中推出绝对律令(《道德形而上学的基础》,425)。所以,康德摒弃了他所处时代所有主流的伦理学体系,认为它们无法解释从属于道德法则的"绝对必要性"。这种必要性只能通过具有先天基础的理论来解释。因此,所有对经验条件,甚至是对人类本质最为确凿的事实有所指的东西,都必须排除于道德的基础之外(《道德形而上学的基础》,427)。

## 绝对律令

各种绝对律令的至高原则被称为**那个**绝对律令,这里假设只存在或者只应该存在一条这样的原则[也许是为了避免义务冲突的可能性("就职论文",20)]。事实上,这条原则有五种不同的重申形式,其中两种涉及新的概念。所以,通常将绝对律令看做一种复合的理性法则,包括至少三个独立的部分。以其首要的、最著名的形式,理性法则引申出如下内容。



如果我们想找出一个仅基于理性的律令,我们就必须从理性主体间所有的区别中进行抽象,无视他们的利益、欲望、野心以及所有限制行动的"经验条件"。只有这样,我们才能将我们的法则仅建立在实践理性的基础上,因为此时我们已从其他任何基础出发进行了抽象。通过这个抽象过程,我得出了"属于理智世界的一员的观点"(《道德形而上学的基础》,454)。这是一个存在于我经验之外的观点,因此可被任何理性的存在者接受,不管他处境如何。于是,我所提出的那个法则将成为一条对所有理性存在者普遍适用的律令。当决定以我的行动作为目的时,我将受制于理性,"只根据那个我同时想要它成为普遍法则的准则去行动"(笔者根据《道德形而上学的基础》第421页的意译)。("准则"一词同时意指"原则"和"动机":一个绝对律令总是支配并且总是规定一条法则。)这条原则在某种意义上是“形式的”,也就是说,它没有支配任何具体的东西。与此同时,它也是综合的,因为它在所有可能的行为目的中立法,允许一些目的并禁止另外一些目的。例如,它禁止违反诺言,因为立志普遍地违反诺言相当于立志放弃承诺,也就是立志放弃违反诺言带来的好处,从而立志放弃我的动机。这些被禁止的行为目的,通过与至高道德法则的冲突,将主体置于矛盾之中。

康德将绝对律令的第一公式,当做那个著名的黄金法则——己所不欲,勿施于人——的哲学基础。它基于仅仅从理性中就能推出的东西,所以它是先天的。这解释了它有权利成为“普遍”形式,有权利成为体现在绝对的“应该”中的必然性。

绝对律令发现行为的目的,靠的是从除理性主体的身份这一事实以外的一切事物中进行抽象。所以,理性主体必须提供自己的目的。自主的存在者是所有价值的主体和贮藏所,且正如康德所说,“以自己为目的”而存在。如果想要有价值,我们必须重视(尊重)理性存在者的存在和努力。这样一来,自主性便规定了自己的限度。对我们自由的限制就在于,我们必须尊重所有人的自由:否则我们的自由如何能生成**普遍的**法则?由此得出的结论是,我们永远不能不顾他人的自主性而利用他人,我们永远不能把他人当做手段。这就把我们带入了第二个主要的绝对律令公式,即如下法则:我必须“在行动时总是将人当做目标,永不把人仅当做手段,不论是对自己还是对他人”(笔者根据《道德形而上学的基础》第 429 页进行的意译)。这里的“人”包括所有理性存在者,而那些能被仅仅当做手段的存在者和不能被仅仅当做手段的存在者之间的区别,正是我们对**事物**和**人**的区分。这个区别是“权利”概念的基础。如果某人问起动物或小孩或无生命的物体是否拥有权利,他其实是在问绝对律令在这第二种最有力的形式上是否适用于它。

于是,我们不能把理性主体仅当做外部力量借以发挥作用的手段:这样便否定了他们的自主性,从而违反了他们从我们这里得到尊重的要求。在向着道德法则进行抽象时,我总是尊重理性的主导权。所以,尽管我的法则的形式是普遍的(第一个律令),它的内容却必须来自它在以自己为目的的理性存在者(第二个律令)身上的应用。所以,我必须总是将道德法则作为一条普遍的规则来对待,它同样地约束理性存在者。由此我被带入了以下观念:“每一个理性存在者的意志都是普遍的立法意志。”(《道德形而上学的基础》,449)这个观念继而引入另一个观念,即“目的王国”,在这个王国中,我们自主地行动时都愿意遵从的普遍立法,已经成了自然法则。所以,“每一个理性存在者都必须如此行动,似乎就他在每种情况下的准则来看,他都是普遍的目的王国的立法者”(笔者的意译,来自《道德形而上学的基础》,433—435)。第三个律令暗示,所有关于目的的思考同时也是对理想世界的假设,在那个世界中,事物如其所应当是,并且应当如其所是。在这个王国中,没有什么与理性相冲突,理性存在者同时是那里所遵从的法则的主体和主宰。

## 道德直觉

康德相信,绝对律令的各种公式可以从对自主性这个单一观念的思考中推理出来,而且仅这一点就足以让它们受到每一个理性存在者尊崇。他还认为,它们支撑着日常的道德思想,正如知性的先天综合原则支撑我们的普通科学知识。康德的道德体系所作出的卓越贡献,在于他将秩序加于道德的直观想象。

这种想象不仅是一个人的属性，而且（正如康德和许多其他的哲学家所想）是所有地方所有人的属性。康德曾经深受沙夫茨伯里伯爵（1671—1713）及其追随者——所谓的不列颠道德学家们——的影响，他们认为，某些基本的道德原则并非个人偏爱问题，而是当被归结为人类灵魂的真正基础时，能被普遍接受，它们记录着所有地方的理性存在者未言明的一致同意。康德接受了这个观点。但是，他试图让它摆脱对“我们的吝啬继母——自然”的研究（《道德形而上学的基础》，394）。因此，对于康德来说至关重要的是，他的理论应该产生一种直觉道德的公理。“我们只是通过普遍接受的道德观念的发展来表明，意志的自主性不可避免地与它联系在一起。”（《道德形而上学的基础》，449）列举康德的理论所解释的一些共同直觉是有益的。

（1）**道德的内容**。共同道德要求对其他人和自己的尊重，它禁止在个人利害方面存在例外。它认为在道德法则面前人人平等。这些都是绝对律令的直接结论。此外，在第二个公式中，绝对律令支持非常具体的、普遍接受的法则。它禁止谋杀、强奸、偷盗、欺诈和不诚实，以及所有形式的专横强制。它附加了尊重他人权利和利益的普遍义务，附加了一种理性要求，即以公正评价的观点为目的从个人介入中进行抽象。这样，它概括了关于正义的基本直觉，概括了一种具体的、直觉上可接受的道德法规直觉。

（2）**道德的力量**。根据康德的观点，道德的动机与利益和欲望的动机截然不同。它绝对地且必然地统治着我们。即使当我们在最大程度上对抗它时，也能感受到它的力量。它不是一种能与其他事物进行平衡的考虑，而是一项强制的命令，只能被忽视而永远无法驳斥。康德认为，这符合普遍的直觉。如果某

图 13 正义“让每一个人得其所应得”

人被告知，他能最大限度地满足自己的欲望，只是之后要被绞死，那么他肯定会拒绝这个提议。但是，如果他被告知必须背叛朋友，或提供伪证，或杀死一个无辜者，否则会被绞死，那么他自己生活中的利益在决定他应该做什么这一点上就没有任何价值。他也许会向威胁低头，但是意识到自己在犯错。不像欲望的任何动机，道德法则本身将他推向毁灭。

（3）**善的意志**。在对行为的道德判断中，我们将结果归于造成结果的主体。与故意和疏忽不同，不可预知和无心之过永远不会遭到责备。道德判断不是指向行为的效果，而是指向行为所显示的或好或坏的意图。所以，用康德的名言来说，"除了善的意志，在世界之中甚至在世界之外，没有什么可以不加限制地被视为善的"（《道德形而上学的基础》，393）。康德的理论完全符合这种普遍直觉。所有的美德都存在于自主性，所有的罪恶都出自缺乏自主性，而所有的道德都被指引意志的律令所概括。

（4）**道德主体**。直觉道德观的基础是道德主体的观点。道德主体与发生于自然中的主体有着不同的动机和组成。他们的行为不仅有原因，还有理性的支持。他们为将来作决定，这样就将他们的意图与欲望区分开来。他们不会总是允许被自己的欲望征服，而是有时会抵制并征服欲望。在所有事务中，他们都同时是主动和被动的，在他们自己的情感中作为立法者出现。道德主体不仅是感情和爱（我们可以把它们扩展至自然中的一切）的对象，而且也是尊重的对象，他控制我们的敬重心，以至于道德法则在他身上体现出来。在所有这些直觉区别中——理性和原因之间，意图和欲望之间，行为和激情之间，尊重和感情之间——我们发现成为上述区别之基础的关键区别，即人与物的区别。只有人才有权利、责任和义务；只有人在原因之外还出于理性而采取行动；只有人值得我们尊重。绝对律令哲学解释了这个区别以及所有反映它的那些区别。它也解释了为什么"对人的尊重"渗透于每一条道德法规中。

（5）**法则的作用**。某些人可能如善意的人那般做事，但是这个事实并不能为他赢取任何荣誉，因为他的动机是自私的。一个人帮助危难之中的他人，如果只是因为看到这样做对自己有好处，这就并不是出于义务的行为，即使他做了义务所要求的事情。所以我们必须区分**根据**义务的行为和**缘自**义务的行为，只赞赏后者。“前者（合法性），即使在好恶本身就能成为决定意志的原则时也是可能的，但是后者（道德性）拥有道德价值，只能放置于一个事实中：这个行为是出于义务……”（《实践理性批判》，81）。这是康德理论的一个清晰的、直觉上可以接受的结论。另一个更富理论性的命题也是如此，那就是道德思想的基本概念不是善，而是责任（《实践理性批判》，60—65）。

（6）**理性和激情**。在所有的道德努力中，我们认识到义务和欲望之间也许存在着冲突。于是，在每一个道德存在者身上，产生了作为一个独立动机的良心观念，它可以给欲望立法，以禁止或允许它们。康德将道德主体的“善的意志”，与行动时总是不受欲望抵制的“神圣意志”区别开来。“神圣意志”不需要任何律令（《实践理性批判》，32），因为它自动倾向于义务；然而，普通的主体总是需要原则，因为他倾向于阻挠这些原则。这种理性与激情的冲突是一种普遍的直觉。然而，康德将它带入了某种反直觉的极限。他相信，善行的动机为经验主义道德观所珍视，它只是一种纯倾向，所以在道德上是中立的。“出于爱或同情的善良，或仅仅是出于偏好秩序而与人为善，这是无比美好的，但是这还不能成为真正的道德准则。”（《实践理性批判》，82）康德似乎更赞赏逆着各种偏好行善的厌世者，胜于对由衷的善行的赞赏。道德主体的价值就在于他**抵制**偏好的能力。例如，当渴望死亡的某人出于自保的义务而继续生存，只有那时，自保不再是本能，而第一次成为道德价值的标志。

（7）**意图和欲望**。康德的道德哲学还帮助我们从另一个角度理解我们所处的困境，它强调着一个事实：作为道德主体，我们会以不想要的为意图，并会想要意图之外的。意图和欲望之间的区别在动物的行为中不会出现：我们通过动物们想要什么来解释它们的行为，除此之外别无其他。但是人类的动机跨越了形而上学的分割线，也即自由与自然、理性与原因、主体与客体、人与物之间的分割线，对此，康德试图根据他的先验哲学来阐述、解释并论证。我们通过推理而决意行动；这样做了，我们就**意图**去做我们已经决定了的，不管我们是否想要。人类状况的这种不寻常特征需要一个解释，而康德就是少数提出解释的哲学家之一。

## 道德和自我



康德认为，这些直觉已经将我们带向了先验自由的观念。如果该观念是废话，那么我们所有的道德和实践思想也就都是如此。因为，如果我们系统地研究这些直觉，就会发现它们将道德主体与他的欲望区分开，将人的自由的、受理性控制的、自主的本性，与动物的不自由的、被动的（或者用康德的来说，“病态的”）本性区分了开来。于是，我们理所当然必须正视自由的悖论。因为，我们确实将自己既视为受制于因果律的经验存在者，也视为受制于理性律令的先验存在者。

我们必须再次提醒自己留意“先验对象”的方法论特征。“先验对象”这个短语并非指代知识的对象，而是指知识的限度，由实践理性的视角来限定。受制于理性的我认为世界是“行为的领域”，并由此假设我的意志自由。我只能从那个假设出发才能审慎地思考。从实践理性的这个视角出发，我不可阻挡地达到了强迫我行动的绝对律令。有一种解释认为,自我及其主体性的理论不是关于事物在先验世界中如何存在,而是关于事物在经验世界中**看起来**如何的理论。“于是,理智世界的观念只是一个**观点,为了把自己设想成是实践的**,理性发现自己不得不在表象之外采取这个观点。”(《道德形而上学的基础》,458)于是,理性主体要求有观察世界的一种特殊视角:他从自由方面看待自己的行动,并且尽管他所观察到的与他科学地研究世界所观察到的完全一致,他的实践知识也不能通过科学术语来表述。他寻求的是理性、理性目的和律令,而非原因、手段和描述性的法则。所以,康德肯定地回答他在第一部《批判》中所提出的问题:“将同一事件一方面看成仅仅是自然的作用,另一方面看成是缘于自由,这可能吗?”(《纯粹理性批判》第1版,543;第2版,571)。但是,这个问题的答案涉及一种先验的视角,我们能理解的只是它的不可理解性。



## 道德的客观性

如果我的自由和引导它的法则由一种特殊的看待事物的方式组成,那么,我如何能将道德的命令看成是客观上有效的?康德认为,仅是理性强迫我接受绝对律令,所以它拥有“客观的必然性”。这种强迫出自一种观点,但这一点并不重要。强迫接受科学的先天规律也是此种情形。如果理性既是行为的动机,同时又受它的本质推动朝向明确的戒律, 那么根据客观性,还能再要求什么呢?当某人问“为什么我应该有道德?”,他是在要求一个理由。一个涉及他利益的答案只能“有条件地”制约他:如果他的利益发生了改变,那么答案便失去了效力。但是,实践理性的视角可以超越所有的“条件”,并且,这是它的“先验”本质所暗示的一部分。它产生了具有绝对约束力的律令。在这种情况下，它为所有的理性主体，不管他们的欲望为何，回答了"为什么要有道德？"这个问题。拥有邪恶欲望的人与拥有正当欲望的人一样，都无法逃脱理性答案的力量。

如此一想，证明道德客观性的任务比证明科学客观性的任务就要容易一些，尽管现实中的主流看法恰恰相反。因为知性能力需要两个"演绎"，一个表明我们必须相信的，另一个表明什么是真的。不作真理判断的实践理性不需要第二个"客观的"演绎。理性强迫我们根据绝对律令思想，这就足够了。关于独立世界，没有什么进一步的东西需要被证明。如果有时我们谈起道德真理和道德事实，这只是在以另一种方式谈论理性给我们的行为所加的限制。



## 道德生活

理性存在者的道德本质，就在于他有能力用实践理性的普遍要求，去充实他的一切判断、动机和感情。即使在我们最私人、最隐密的遭遇中，理性都秘密地对直接环境进行抽象，并提醒我们记起道德法则。有些哲学家——例如沙夫茨伯里、哈奇森和休谟——强调情感对于道德至关重要。除了情感这个概念有些问题外，他们并没有错。道德生活涉及气愤、悔恨、愤慨、自豪、自尊和尊重的运用。所有这些都是情感，因为他们不从属于意志。但是处于这种情感中心的，是对道德法则的尊重，以及对当前的、直接的条件的抽象。正是这一点，证明了它们在理性存在者的道德生活中的地位。"**尊敬**（respect）是我们无法拒绝表示的一种**敬意**（tribute），不管我们是否愿意。我们的确可能表面上压制它，但是在内心却无法不感受到它。"（《实践理性批判》,77）康德关于骄傲和自重的讨论（《伦理学讲演》,120—127)非常敏锐。通过强调渗透于人类情感中的理性成分,他能够反驳“道德感觉”在理性的人的动机中毫无作用这一诘问(《伦理学讲演》,139)。但是,任何注意到道德感觉之复杂性的理论,都必须强调位于它中心的律令。

康德认为,这个抽象化的过程将我们带向形而上学。道德生活暗示了一种先验实在性;我们感到不得不相信上帝,相信不朽,相信自然中神圣的法规。这些“对实践理性的假设”与指引我们的律令一样,都是道德思想的不可避免的产物。纯粹理性不遗余力地试图证明上帝的存在和灵魂的不朽。但是,“从实践的观点来看[这些学说的]**可能性**必须被假定,虽然理论上我们无法认识并理解它”(《实践理性批判》,4)。这种对神学论断的模糊让步很难让人接受。但是通过第三部《批判》,康德的意图多少有些显现,我们现在必须转而考察它。

第六章
# 美与设计

不是上帝的命令使我们受道德约束,而是道德指向了“神圣意志”存在的可能性。康德告诫人们不要陷入“狂热,确切地说是不敬,放弃道德立法理性对我们生活的公正行为的指导,而妄图直接从最高存在者这个观念中获得指导”(《纯粹理性批判》第1版,819;第2版,847)。康德关于宗教的著作是他试图系统地给宗教祛魅的初步努力。他批判所有形式的拟人说,并且在《单纯理性限度内的宗教》(1793)中详细地解释了“道德释义”的“阐释规则”。所有与理性相冲突的经文和宗教教义都必须通过寓言解释,以表达道德见解,这种见解从它的宗教表述中所获得的不是有效性,而是生动性。通过偶像使上帝这个观念被理解,进而将上帝归入经验世界的范畴,这是自相矛盾的。如果上帝是先验存在者,那么从我们的观点来看,除了说他是超验的之外,我们无法就上帝说些什么。如果上帝不是先验存在者,他就不比自然中的任何其他生物更值得我们尊敬。在第一种解释下,我们能尊敬他,只是因为我们尊敬指出他存在的道德律法。在第二种解释下,我们尊敬他,只是将他视做支配其活动的道德律法的主体。

康德对宗教的这种祛魅在那个时代并不罕见,但将传统宗教偶像应用于道德崇敬，他却是独树一帜。对上帝的崇拜变为对道德律法的尊崇和忠诚。超越信念的信仰变成了超越知性的实践理性的确定性。尊敬的对象不是最高存在者，而是合理性的至上属性。道德世界被描述为“恩宠的王国”（《纯粹理性批判》第1版，815；第2版，844），理性存在者的现实共同体被描述为自然世界的“神秘体”（《纯粹理性批判》第1版，808；第2版，836），凡人所向往的上帝王国则转变成可以通过自我立法变为现实的目的王国。因此，雅赫曼在信件中提到“许多布道者[从康德关于神学的演讲]往前推进，并宣扬理性王国的福音”也就不足为奇了。

虽然如此，康德还是承认传统的神学论断，甚至试图在“实践理性假设”的模糊学说中使之复活。此外，他还感到，关于上帝存在的一个传统论证，即设计论，含有指向创世论之本质的关键线索。在第三部《批判》中，在审美经验论述的结尾，康德试图揭示他的这个意思。



## 第三部《批判》

尽管康德费尽心思想将先验哲学的结构施加于有些松散的主题上，《判断力批判》仍是一部条理不清、多处重复的作品。一位听过康德美学讲座的同时代人记录道：“康德《判断力批判》的主要思想是以尽可能轻松、明了和愉快的方式表达出来的。”然而，开始写这部作品时，康德已届七十一岁，无可置疑的是他对于论证和措辞的驾驭能力开始衰退。然而，第三部《批判》仍是近代最重要的美学著作之一；事实上，可以不夸张地说，如果没有这部作品，美学就不会以其现代形式存在。康德的那些最无力的论证在此被用于展现他最富原创性的结论。

图 14 通过自然美所获得的洞见：卡斯珀·戴维·弗里德里希受康德启发创作的《吕根岛上的白垩悬崖》

康德感到有必要在《判断力批判》中探索前两部《批判》中遗留下来的一些问题，并想对应于知性和实践理性为美学提供属于它自己的“能力”。判断力在这其他两者之间“斡旋”。它使我们能把经验世界看做符合实践理性的目的，也能将实践理性看做适应我们有关经验世界的知识。康德认为，“判断力”既有主观方面又有客观方面，并按此将《判断力批判》分成几部分。第一部分涉及“合目的性”的主观经验，主要论述审美判断力。第二部分涉及自然的客观“合目的性”，主要论述设计的自然表现。我将集中讨论第一部分，这一部分将批判哲学体系的松散目的连接了起来。

18 世纪见证了现代美学的诞生。沙夫茨伯里和他的追随者对美的经验进行了透彻的观察；伯克提出了他著名的美和崇高的区分；法国的巴特及德国的莱辛和温克尔曼试图为艺术作品的分类和批判提供普遍原则。莱布尼兹学派也作出了贡献，“审美”这个词的现代用法即归功于康德的导师鲍姆嘉通。尽管如此，自柏拉图以后，没有任何一位哲学家像康德那样在哲学中赋予审美体验中心地位。康德的前人也没有像康德那样意识到，没有审美理论的形而上学和伦理学是不完整的。只有理性的存在者才能体验美；没有美的体验，理性的运用是不完整的。康德指出，只有通过对自然的审美经验，我们才能把握我们的能力和世界的关系，才能理解我们的局限以及超越这些局限的可能性。审美经验让我们认识到，我们的观点毕竟仅仅是**我们的**观点；我们不是自然的创造者，正如我们也不是我们赖以进行观察和采取行动的观点的创造者。我们每时每刻置身于观点之外，不是为了获得超验世界的知识，而是为了感知我们的能力与其应用对象之间的和谐。同时，我们感觉到使这种和谐成为可能的神圣秩序。

## 美的难题

康德的美学基于一个他以各种不同形式表达过的难题，这个难题最终呈现为一个“二律背反”结构。根据“鉴赏力的二律背反”，审美判断看似与其自身相矛盾：它不能同时既是审美的（主观经验的表达）又是一种判断（宣称普遍的同意）。但所有理性存在者，似乎仅仅凭借其合理性就倾向于作出这些判断。一方面，他们在对象身上获得了愉悦，这种愉悦是直接的，并非建立在对这个对象进行概念化或对原因、目的和要素进行探究的基础上。另一方面，他们以判断的形式表达他们的愉悦，说“美似乎是对象的一种性状（Beschaffenheit）”（《审美判断力批判》，211），以此表明他们的愉悦客观有效。但是，怎么可能是这样呢？愉悦是直接的，不经任何推理或分析；那么，是什么容许这种普遍同意的要求？

不管如何分析美的概念，我们都会发现这个矛盾出现。我们的态度、感觉和判断所以被称为审美的，正是因为它们跟经验的直接关系。因此，任何人都无法对从未听过或见过的客体作出美的判断。科学判断，如同实践原理一样，可以“间接”获得。我可以将你视为物理学真理或火车效用方面的权威。但如果我没有见过列奥纳多的作品或听过莫扎特的音乐，我就无法将你视做鉴赏前者的价值和后者的美的权威。如此看来，似乎不可能存在审美判断的规则或原理。“一条鉴赏原则意味着一个基本的前提，在它的条件下人们能够把一个对象的概念归摄进去，并在这种情况下通过一个推论，得出这个对象是美的。但这是绝对不可能的。因为我必须直接在这个对象的表象上感觉到愉快，这种愉快是不能通过任何证据说服我而得出的”（《审美判断力批判》,285)。看来总是经验,而绝非概念思维,给出审美判断的权利,因此,对象经验的任何改变都会导致其审美意义的改变(这正是诗歌无法翻译的原因)。如康德所说,审美判断"不依赖概念",美本身也不是一个概念。这样,我们就得到了鉴赏的二律背反的第一个命题:"鉴赏判断不是建立在概念之上的;因为若非如此,它就可以争辩(通过证明来裁定)了。"(《审美判断力批判》,338)

然而,该结论与审美判断是一种**判断**这个事实并不一致。当我描述某样东西是美的,我并非仅指它使**我**愉悦:我是在说**它**,而不是我自己;而且,如果有人质疑,我会为自己的观点给出理由。我并不**解释**自己的感觉,而是通过指出感觉对象的特点而给出**根据**。任何理由的寻找都具有合理性的普遍特征。实际上我是在说,只要他人是理性的,就会和我感受到相同的快乐。这就指向康德二律背反的第二个命题:"鉴赏判断建立在概念之上;因为若不然,……对此甚至不可以争执,或者说不可以要求别人必然赞同这个判断。"(《审美判断力批判》,338—339)

## 鉴赏的先天综合依据

康德认为美的判断并非依据概念,而是依据一种愉悦的感觉;同时,这种愉悦被假定为普遍有效,甚至是"必然的"。审美判断包含一种"应当":其他人应当和我感觉相同;如果不同的话,定有一方出错,非我即彼。正是这一点引导我们寻找判断的理由。"普遍性"和"必然性"两个词将我们指向了先天之物的界定特征。其他人和我感觉应当相同这个假设并非源自经验:恰恰相反,它是审美愉悦的先决条件。它也不是分析的。因此,它必定是先天综合的。

这个论证非常不可靠。鉴赏判断的“必然性”与知性的先天法则的必然性毫无联系，它的普遍性也没有导出确定原理。康德有时承认这一点，并将审美**愉悦**而不是审美判断视做普遍有效的，因此是先天的（《审美判断力批判》，289）。不过，他确信美学提出了所有哲学一样会提出的问题。“判断力批判的问题……从属于先验哲学这个总问题：先天综合判断是如何可能的？”（《审美判断力批判》，289）

康德提供了一个答案，即“先验演绎”。文字只有十五行，论述总体来说不够充分。他的话有漏洞：“这个演绎之所以如此容易，乃是因为它并不需要为一个概念的客观实在性（即应用）作辩护。”（《审美判断力批判》，290）然而事实上，他独立地论证了鉴赏判断的先天成分，及其“普遍”假设的合法性。



## 客观性和思辨

康德始终如一地关注客观性。审美判断要求有效性。可以以何种方式支持这个要求呢？理论判断的客观性要求一个证据，证明世界与知性所显示的相同，实践理性则不需要这种证据。理性约束着每个行为主体服从一套基本原理——表明这一点就足够了。在审美判断中，这个要求甚至更弱。我们在此不必建立那些迫使每个理性存在者都同意的原理。表明普遍有效性的思想如何可能就足够了。在审美判断中，我们只是“同意的请求者”（《审美判断力批判》，237）。不存在鉴赏的有效规则，不如说，我们必须**认为**对象使我们的愉悦成为有效的。人们也许怀疑，审美判断甚至是否包含对客观性的要求，但这只是因为他们没有考虑对他们真正重要的审美判断。当一处挚爱的风景被随意破坏，一个美丽的古城被任意糟蹋，人们会感到受了冒犯、受了伤害并愤懑不平。他们激起立法来阻止这样的事发生，成立委员会保护所爱，并且以全副精力发起运动去制止破坏者。如果这还不能成为对客观有效性的要求，就难以知道有什么能够成为了。

康德将感官愉悦和思辨愉悦区分开来。因美产生的愉悦，尽管“直接”（未经过概念思维），却涉及对对象的反思思辨。纯粹鉴赏判断“把愉快或不悦直接与对对象的纯然思辨结合起来……”（《审美判断力批判》，242）。因此，必须将审美愉悦同吃喝带来的纯粹感观愉悦区别开。只有通过那些同时允许进行思辨的感官（即通过视觉和听觉），才能获得审美愉悦。

这种思辨行为要求专注于对象，但并非将对象视为普遍事物（或概念）的一个具体示例，而是视为如其所是的特定事物。在审美判断中，个体对象被孤立并且“只出于它自己的原因”而被考虑。但是，除孤立行为之外，思辨还进行一个抽象化的过程，同实践理性达到绝对律令的过程精确对应。审美判断抽象掉观察者的每种“利害关系”，观察者并不将对象作为达到目的的工具，而是将对象本身视为目的（尽管不是道德目的）。观察者的欲望、目标和理想在思辨行为中被搁置，对象则被视为“无涉任何利益”（《审美判断力批判》，211）。这种抽象行为是在“单称判断”聚焦于个体对象时进行的（《审美判断力批判》，215）。因此，同产生绝对律令的抽象不同，这个抽象不会形成普遍规则。然而，它成为后续判断之“普遍性”的基础。正是这一点使我得以“在鉴赏中扮演裁决者”（《审美判断力批判》，205）。抽象掉我所有的利益和欲望后，我实际上从判断中移除了使我成为我的所有“经验条件”，并将我的经验仅仅归于理性，正如我实施道德行为时将行为目的归于它一样。“既然愉快并非基于主体的任何爱好（或其他利害考虑）……他就无法为自己的愉快找到仅和他的主体有关的个人条件作为根据。”（《审美判断力批判》，212）在这样的情形下，审美判断的主体似乎必然感到他不得不并且有权利，为了所有理性存在者给自己的愉快立法。

利益无涉是“理性利益”的标志，每当理性主体将他们自己的欲望置放一边，努力像上帝一样以判断的态度审视世界时，利益无涉就会发生。在我们决定对错、主持法庭、评判证据以及——也许有些奇怪——思考世界表象时，我们就是这么做的。不涉利益的思辨承认对象的重要性——如此重要以至于我们的利益对我们的判断没有影响。如果你觉得这种想法既奇怪却又令人信服，你就会发现康德将此作为其美学理论的中心前提，真是天才之举。



## 想象力与自由

审美思辨涉及合理性的哪个方面呢？在第一部《批判》的“主观演绎”中（见前文，第 37 页），康德论证了想象力在概念和直觉的“综合”中处于中心地位。想象力将直觉转化为材料；每当赋予自己的经验以描述世界的“内容”时，我们都会运用想象力。当我看到窗外的那个人时，“人”这个概念就出现在我的知觉中。这种将概念注入经验的工作就是想象力的工作。

康德认为，想象力也可以“独立于”概念（即独立于知性规则之外）。想象力的这种“自由游戏”正是审美判断的特点。在想象力自由游戏中，概念要么是完全不确定的，要么虽然确定却未被应用。第一种情形的例子是将一系列标志看成一个模式时涉及到的想象的“综合”。此处没有确定的概念。除了经验到的秩序之外，这个模式什么也没有；除了那个不确定的观念之外，经验中没有应用任何概念。第二种情形的例子就是在图片中看见一张脸孔时涉及到的"综合"。"脸孔"这个概念在此参与了想象的综合，但却并未被应用于对象。我没有判断在我面前的是张脸，而是判断我的想象允许我这样看它。第二种"自由游戏"是我们理解艺术表象的基础。康德对第一种更感兴趣，这让他对艺术中的美产生了形式主义观点。

想象力的自由游戏使我能将概念应用于一种经验，这种经验本身"独立于概念之外"。因此，即使没有鉴赏规则，我仍然可以为我的审美判断给出依据。我可以为我的愉悦给出理由，同时关注作为这种愉悦之原因的"单一性"。

## 和谐与共感



比起自然，康德不太重视艺术，尤其不重视艺术中的音乐，"因为它仅仅以感觉来演奏"(《审美判断力批判》，329)。然而，音乐却为康德的理论提供了很好的例子。当我听到音乐时，我听到的是一种组合。某些东西开始了，发展了，并且各部分保持一种统一性。这种统一性其实并不**存在于**我面前的音符中，而是我知觉的产物。我能听到音乐，是因为我具有想象力，它的"自由游戏"将我的知觉带到不确定的统一性观念中。只有具有想象力(一种理性能力)的存在者才能够听到音乐的统一，因为只有他们能够进行这种不确定的综合。所以，这种统一是我的知觉。但这种知觉不是随意的，它受到我的理性本质迫使。我感知到我经验中的组合是客观的。统一的经验带来愉悦，这也属于理性的应用。我假设这种愉悦同旋律一样，是所有具有我这种构造的人的属性。因此我将在音乐中获得的愉悦归因于"共感"(《审美判断力批判》，295)的作用，即一种直接基于经验且为所有理性存在者共有的倾向。

但这种统一的经验是如何与愉悦混合的呢？当我聆听到音乐的形式统一时，我的经验基础，就在于我所听到的东西和组合这种东西的想象能力之间的一种一致性。尽管这种统一根源在我，它却被归因于一个独立的对象。经验这种统一时，我也感受到了我的理性能力和它的应用对象（声音）之间的和谐。这种我自己和世界之间的和谐感既是我愉悦的源泉，也是这种愉悦的普遍性的基础。

> 人如果对对象的形式进行单纯反思时获得了愉悦，同时大脑中没有任何概念的存在，他就能正当地要求每个人的赞同，尽管这个判断是经验性的单称判断。因为这种愉悦的依据存在于反思性判断的普遍的、尽管是主观的条件中，亦即存在于对象和每个经验认知所必需的各种认知能力（想象力和知性）之间的最终和谐中。
>
> （《审美判断力批判》，191）

## 形式与合目的性

这样看来，似乎我们的审美愉悦源于一种能力，由于想象力的自由游戏，这种能力首先在于经验我们自己的理性能力的和谐运行，其次在于将这种和谐投射到经验世界。我们在对象中看见了我们在自身中所发现的形式统一性。这正是我们愉悦的根源，也是我们对美的“共感”的基础。“唯有在这样一种共感的前提条件下，我们才能作出鉴赏判断。”（《审美判断力批判》，238）

康德将“自由”美和“依附”美区分开，前者完全不依赖概念思维即可被知觉，后者要求先使对象概念化。当我感知到一幅写生画或一栋建筑，在我初次将对象纳入概念中，参照前者表达的内容，或者参照后者履行的功能之前，我可能对美没有任何印象（《审美判断力批判》，230）。这种“依附”美的判断不如“自由”美的判断纯粹，它只对一种人来说才能变得纯粹，即那种对于他所见事物的意义和功能无任何概念的人（《审美判断力批判》，231）。因此美的最纯粹例子是“自由的”。只有在对这类例子的思辨中，我们的能力才能够卸下普通科学思维和实践思维的重担，进入作为审美愉悦之基础的自由游戏。这类自由美的例子大量存在于自然中，在艺术中却鲜见。

我们在自然的自由美中感知到的统一排除了一切利害关系：它是不涉及任何确定目的的统一。但它却反映了一种秩序，这种秩序源于我们自身，即有目的的存在者。因此它带有目的的不确定标记。正如康德所说，审美的统一性显示出“无目的的合目的性”。审美经验引导我们将每个对象本身视做目的，同时也引导我们感觉到自然的合目的性。



“合目的性”的知觉，如理性的调节性观念一样（见前文第68页），并不是关于是什么的知觉，而是关于“好像”什么的知觉。但这种“好像”是必然发生的：如果我们想要发现自己作为认识生物和行动生物在世界中的恰当位置，我们就**必须**以这种方式观察世界。审美判断带给我们自然界的纯粹设计经验，它因理论见解，也因道德生活的努力把我们解放出来。它还允许从理论到实践的过渡：我们发现了自然中的设计，于是承认自己的目的可以在那里实现。（《审美判断力批判》，196）此外，再次像理性观念那样，合目的性概念是“超感性的”：它是先验设计的观念，我们不知道它目的何在。

审美经验就是许多此类“审美观念”的载体。审美观念是一些超越了可能经验的界限的理性观念，同时试图以“感性”形式来表达彼岸世界无法言表的特点。(《审美判断力批判》，313—314)没有审美观念就没有真正的美；它们通过艺术和自然呈现给我们。审美理念赋予我们的感觉以先验界的提示。诗人，即使是在经验现象，也“试图通过想象……超越经验界限，[将这些东西]完整呈现给感觉，但自然中无法找到这些东西的例子”(《审美判断力批判》，314)。康德就是这样解释审美的浓缩效果的。例如，当弥尔顿表达撒旦的复仇心理时，他那强压愤怒的言语直入人心。我们觉得自己并非在聆听这种或那种所谓“偶然的”情感，而是在聆听复仇的本质。我们似乎超越了自然中每一具体例子的限制，意识到它们苍白无力地反应出来的某种不可言说的东西。当瓦格纳通过《特里斯坦》的音乐表达对性爱不可遏制的渴望时，我们仿佛再次升华，越过了我们自己受限的激情，得以瞥见这些激情所追求的完满。任何概念都无法让我们上升到如此高度：然而，审美**经验**不断地努力要超越我们观点的局限，似乎想要“体现”人们无法思维的东西。

## 目的论与神圣者

而后，康德试图从美的哲学转向描述我们同世界的关系，这种世界不受我们自己观点的限制，在第一部《批判》中，康德曾证明这种限制正是自我意识的必要条件。在审美经验中，我们将自己同一种超感觉的(即先验的)实在性联系起来，这种实在性处于思维范围之外。我们开始意识到自己的局限、世界的壮观，以及那无法名状的良好秩序，这种秩序允许我们认识并依其行动。康德借助了伯克对于美和崇高的区分。有时，当我们感觉到自然和我们的能力之间的和谐，我们会对身边所有事物的合目的性和可理解性留下深刻印象。这就是对美的感受。其他时候，被世界无限的伟大震慑，我们会放弃想要了解和控制世界的企图。这就是对崇高的感受。面对崇高时，心灵“被刺激而放弃了感性”（《审美判断力批判》，246）。

康德关于崇高的表述不太清楚，但却强调了他将美学阐释为神学的一种“预兆”。他对崇高的定义是：“表明心灵有一种超越任何鉴赏尺度的能力的东西，仅仅因为心灵能够思考它。”（《审美判断力批判》，250）正是崇高判断与我们的道德天性最为相关。它表明在要求一致同意时，我们是在要求道德情感上的一种共通性，以此它指出了对鉴赏之“普遍性”的另一论证（《审美判断力批判》，265）。在判断崇高时，我们要求对于超感觉领域的内在性必须有一致的认识。一个既不能感受到自然的庄严也不觉得自然可畏的人，在我们眼里，也缺少对于他自身局限的必要感知。他没有采取那个关于他自己的“先验”视角，而这种视角正是所有真正道德的源泉。

康德似乎正是通过预知崇高，引出了对于最高存在者的信仰。《判断力批判》的第二部分专门论述“目的论”，即对事物目的的理解。在此，康德以一种为许多评论家所不满的方式，表达了他对神学观点的终极同情。我们对于崇高和美的感觉结合起来，不可避免地呈现了一幅神创自然的图景。在美中，我们发现自然的合目的性；在崇高中，我们获得了关于自然的先验根源的暗示。在这两种情况下，我们都无法将自己的情感用理性论据表达出来：我们仅仅知道自己对先验之物一无所知。但这不是我们**感觉**到的全部。设计论证并不是一种理论证据，而是一种道德的提示，通过我们对自然的情感变得生动起来，又在我们的理性行为中得到实现。说它被实现,是指创造的真正目的通过我们的道德行为被提示出来:但是,这种提示是属于理想的而非现实的世界。因此,我们在自己的一切道德行为中证明了神圣的目的论,却无法表明这种目的论在我们行动的现实世界中也是真实的。我们从实践上,而非理论上,知晓了自然的最终目的。它存在于对"单为自我立法"的纯粹实践理性的尊敬中。当我们把这种尊敬和我们对崇高的经验联系起来时,我们就会对先验界有了感觉,无论这种感觉有多短暂(《目的论判断力批判》,446)。

因此,是审美判断指引我们把握超验世界,实践理性则赋予这种把握以内容,并确证,这种对事物非视角眼光的提示正是上帝的提示。这就是康德试图在审美观念和崇高学说中要表达的内容。在每一种情形下,我们都遭遇一种"心灵为了它的超感觉使命而利用想象力",并且被迫"把自然本身总体设想为某种超感性之物的表现,而不能使这种表现成为客观"(《审美判断力批判》,268)。超感性的即是先验的。它无法通过概念被思考;用"观念"思考它的企图终将陷入自相矛盾之中。然而,理性的观念——上帝,自由,不朽——在我们的意识中复活了,时而表现为行为律令,时而被想象力转化为感官和审美的形式。我们无法摆脱这些观念。这样做就等于宣称,我们有关世界的观点就是这个世界的全部构成,从而将我们自己化身成神。实践理性和审美经验使我们谦卑。它们提醒我们,世界这个整体,若非从有限的视角来设想,就不是有待于我们去了解的世界。理性的这种谦卑是尊重的真正对象。理性存在者仅仅尊敬一点,即他是作为先验界的一员而感受和行动,同时又承认,自己只能够认识自然界。审美经验和实践理性是道德的两个方面：正是通过道德，我们才能够感知上帝的先验性和固有性。

第七章

# 启蒙与律法

批判哲学考察的是思维结构，并且告诉我们通过这种结构什么能被证实，什么不能被证实。它判断所有哲学，它的原理不是普通的证据，而是有关可证实事物的证据。简而言之，这是一种元哲学，一种有关哲学的哲学。它预示了元逻辑和元数学，在塔斯基和哥德尔手中，元逻辑和元数学改变了我们有关数学推理的概念，削弱了那些对于康德将数学视为一种先天综合真理的批评。

这并不意味着康德哲学没有结果或无力挑战流行的正统观点。恰恰相反，康德认为，在实践领域，批判的方法与道德判断直接联系，能够得出人们不得不接受的结论，即使否认这种结论会对他们有利。道德是实践推理的核心，却不是全部。康德在其晚年转而关注政治学，希望通过使用批判方法来解决某些关于合法性和权利的难题。

由卢梭提出的关于人类社会和制度的观点，使自由个体的自我立法成为了合法政治秩序的基础。对于康德及其同时代人，这些观点的重要性日益增加。它鼓励人们愈加质疑权威；它将个体良知放在教会和国家命令之前；它使人们相信进步，视进步为人性从迷信的服从下解脱的天然条件。康德的道德哲学从自我立法的观念中发展出一整套关于义务的完整体系，它给予政治学新观点以最终的哲学认可；启蒙（Aufkärung），后人都知与康德密切相关，康德是其最清晰、最明确的阐释者。实际上，正是康德第一个尝试将“启蒙”定义为“人类摆脱自我强加的不成熟状态而获得解放”，并补充说这种不成熟状态“不在于缺少理解力，而是缺少在没有其他人帮助下利用理解力的决心和勇气”（《什么是启蒙？》，《康德：政治学论述》，54）。

康德对共和的同情在他那个时代即众所周知，尽管他明确反对革命，将革命视做向自然状态的倒退——这种倒退无法用理性证明其合理性，因为它使理性规则成为不可能。法国大革命中的暴力使康德坚定了对革命的怀疑，但并未削弱他对卢梭的仰慕，也没有削弱他对启蒙前景的信心，这种前景其他许多革命者也同样期待。



## 未著的批判

康德有关政治学的著作完成于他生命活跃期的最后十年。其中最重要的一部通常认为是《正义的形而上学要素》，它是《道德形而上学》的第一部分，于 1797 年首次出版，1798 年再版。两个版本的文章都出现了错误或晦涩之处，致使许多评论家认为，康德的精力已经在衰退，而他政治哲学的基础却并未建立。但近年来的研究倾向于认为，演讲稿和其他无关的材料可能被混入了文章中，因为誊抄草稿时康德越来越依赖他的文书。不管《道德形而上学》写作的真相如何，可以确定的一点是，它不包含“政治理性评判”，也不包含其他源自合法政治秩序这一观念的先天原则的内容。在我看来，同样确定的是，康德后期著作中包含了政治批判哲学的种子，这部未著的第四部《批判》

与其他三大评判一样值得研究。

## 普遍主义

康德是“启蒙普遍主义”的先知。他相信唯一而普遍的人性，在考察局部制度的合法性和权威性时，我们应该诉诸这种人性。既然实践理性对于任何地方的人都有效，就不该存在以权威之名提出的特殊辩护，这些权威要求服从的唯一主张仅仅是历史将他们放到了现在的位置。另一方面，从人类事务中荡涤一切历史遗迹是不可能的——并且有退回自然状态、重归一切人反对一切人的战争的危险。因此，康德认为，诉诸普遍人性时必须采取规定性而非构成性观念的形式。我们不该谋求为全人类建立单一法律；而应该根据某些先天制约因素来判断每种权限，与这些先天制约相符正是权力合法性的标志。

此外，既然人类事务中的所有权威都源自理性，而理性是每一个人都具有的，我们就必须承认，每个人都平等地承担政治秩序的利益和负担。在此基础上，奴隶制明显要被排除；专制也是如此，它的唯一目的就是赋予某一人凌驾于他人之上的权力，或赋予某一阶层特权，使其他阶层无法共享其利益。所以，在其政治著作中，康德的行文似乎表明，种族和阶层的区别不存在固有的政治意义，公民权利应该是全人类的追求。

事实上，康德比大多数同时代人都走得更远。在《永久和平》(1795)中，他提出了对普遍政府形式的初步系统论证——这种政府形式超越国家界限，清除对人群的任意划分，这种划分在康德看来正是人类互怀敌意的真正原因。正是因为康德，才有了“联盟”或“各国联邦”的观念；跨国立法的现代制度正体现了他的理论。

## 社会契约

如我们所料，既然康德的伦理学说具有法条化的形式，他的政治思想也带有法学的特征。对于康德来说，政治体制首先而且最重要的，应是一个法律系统。同时，他追随霍布斯、洛克和卢梭，提出将社会契约作为政治合法性的最终检验标准。一个政治体制只有获得了那些从属于它的人们的赞同，才能声称拥有客观权威。社会契约因此是“这样一种契约，只有以它为基础，一种保障民权因而完全合法的宪法才有根据，一个社会共同体才能建立”(《惯常说法》,《康德:政治学论述》,79)。然而，康德与其前人有一个关键的不同之处。社会契约对于康德来说是一种规定性而非构成性的原则。我们不该假定，在合法的社会秩序中真存在一个契约，不管是明确的还是暗示的。社会是以其他方式产生的，并且总是背负着历史遗迹的重担，要抹去这个遗迹，就必然会引起不公正或暴力。因此，我们应该将社会契约仅看做一种限制性理性观念——任何现实法律秩序要获得正当性，都必须通过它的检验。所以，社会契约采取下面的形式:“如果制定的一项法律，整个民族的人都**没有可能**给予同意……这项法律就是非正义的;但如果一个民族**完全可能**同意它，这个民族的义务就是将这项法律视为正义的，甚至假定他们目前的思维方式是，若被询问，他们很可能会拒绝同意。”(《惯常说法》,《康德:政治学论述》,79)

这个定义极其模糊，在“整个民族”、“一个民族”和“这个民族”之间意义含糊地来回转换。在我看来，最好的组织方式似应是这样的:每个公民对于每项法律都拥有绝对的否决权，但是他只有在**能够**不同意这项法律的情况下才能实施否决权。他不赞同这个事实还不足以作为异议的根据。原因在于，我们实际上赞同什么取决于我们的欲望、环境和“经验条件”。如果我们想仅用理性解决问题，就必须忽视所有这些条件。(注意与绝对律令的对应关系。)因此，说到社会契约，我们并不是指诸经验自我之间的实际协议，而是纯粹本体存在者之间的假言协议。从纯粹实践理性的角度看，我们每个人都是这样一个本体存在者。

通过抽象化获得的这种假言社会契约观念，近年来被约翰·罗尔斯复兴，用于检验一个社会中各种利益的公正分配。然而，康德对于分配没有兴趣，只对法律感兴趣。尽管他认为所有公民在公民权上平等，因而拥有平等的权利和义务，“社会正义”这一现代观念却并不在其考虑之内。康德相信法律面前的平等和公民的平等权利，却认为这与财产极端不平等并不矛盾。(《惯常说法》,《康德：政治学论述》,75)



## 自然法

普鲁士流行的法律体系直接源自罗马法。康德对于罗马法怀有崇高敬意，尤其因为它是趋向普遍法则的尝试，它既考虑当地传统和历史制度，又重视对全人类都适用的哲学原则。罗马法特别将人创法和自然法区分开来，前者是世俗统治者的领域，后者的权威来自人类天性并立基于任何局部法律系统之上。因此，人创法可能支持奴隶制并界定奴隶的权利和义务，自然法却来自纯理性，不可能认同这种关系的存在。

中世纪的法学家和哲学家十分关注自然法概念，认为它是在用法律形式记录被揭示的上帝意志。康德则从另一角度，认为自然法是批判哲学的一种证明。对于他来说，自然法完全是对绝对律令的法律表达。因此，他从罗马法中看到了证据，证明法律推理自动遵守实践理性的先天综合原理，而他已经找到了这种原理的证据（《道德形而上学》，236—237）。

## 人与物

康德的道德哲学还印证了罗马法中另一概念，即人（Persona）的概念的说服力。Persona 这个词原指面具，用于描述舞台上演员所呈现的性格特点。罗马法借用这个词指代法庭中的当事人，当事人的权利和义务由法律界定，在某种意义上当事人是他所面对的法律的创造物。法律人是法律权限（权利、自由等）和法律负担（义务、惩罚等）的承受者。正如康德所洞见，最终这是个形而上学而非法律概念，它假设自由**主体**和经验**对象**在实在性方面存在区别。权利和义务无法附加在对象上，因为对象受到经验条件和法律的束缚。它们只能附加在自由的主体上，如康德在其道德哲学中定义的那样。支配人类社会的法律，被指向本体自我。

人在政治思维背景下具有三个突出特征：责任性、自我立法的力量和以其自身为目的的天性。他们对于自己的行为负有责任，因此人与人之间形成一种特殊的关系，这种关系是政治秩序的基础。世界的改变会被**归咎**于人，不管这些改变是因行为还是因疏忽引起的（《道德形而上学》，239）。通过法律，这种归罪成为一种普遍关系，将每个人与社会联系起来，并且使每个人对自己的行为和疏忽负责。

人是目的王国中进行自我立法的成员，所以他们也受制于两种约束——内在约束和外在约束。内在立法是由绝对律令要求的，任何正义的法律都不会与其冲突。但是还有外在立法，在其中，道德法则既不要求也不禁止的一些行为却受到国家的强求或禁止。社会契约（如上介定）是检验这种外在立法合法性的标准，它并未明说，如果这种立法转而去推翻内在的义务要求，它就永远不能被接受。

此外，法律必须尊重人的天性，其自身即目的。奴役、欺诈和残暴镇压都与绝对律令相抵触。政治秩序的一个核心要求就是，人在与他人和国家发生关联时，应该能够将他人和国家作为目的而非仅仅作为工具。

## 人权

在康德眼中，法律和道德一样具有形而上学基础，并因此先天地以先验自由观念为基础。他使用下述含糊的语句指出了一条关于正义的单一普遍原则："每一个行为，如果它或者它的准则允许每个人的选择自由与其他所有人的自由根据一种普遍法则共存，这个行为就是正义的［recht］。"（《道德形而上学》，230）对于译者来说，这是个著名的难题，因为名词 Recht 可指"权利"也可指"法律"，形容词 recht 既可指"正义的"也可指"正确的"。此处的形容词出现在正义理论的语境中，而正义理论的主要目的就是连结正义和自由这两个观念——我的译法就是这么来的。康德普遍原则还可以表达得更清楚些：如果一个行为尊重他人的自由，并且不是偶然而是根据原则，这个行为就是正义的。每个自由行为都必须容纳他人的自由。对于康德来说，正义的基本要求的另一种表述方法即，所有人本身都将被视做目的，而非永远仅被视为工具。

这个普遍原则与强制并不矛盾，但高压统治必须总是将其最终目标定为建立一种体制，在这种体制里盛行公正——以及相互自由。康德利用此明智方法修正了卢梭的那个众所周知的准则,即在一个基于社会契约建立的国家,持异议者必须"被迫自由"。

根据康德的正义观,只存在一种内在的或"自然的"权利,那就是自由本身:"自由(独立于他人意志的约束),只要它根据某种普遍法则而与其他所有人享有的自由共存,它就是每个人因生而为人所享有的唯一而最初的权利。"(《道德形而上学》,237)限制条件在此非常重要:我没有随意行事的自然权利;相反,我拥有不限制他人自由而运用自己的自由的权利。这个原则是"古典自由主义"的基础,现在仍然是许多西方宪法的不成文条款。

从先天原则到普遍约束着政府的人权观念,只迈出了一小步。用"人"权而非"民"权,我们援引了自然法,以及对所有地点和时间的立法作出约束的普遍原理。不仅如此,康德将人本身视做目的的强有力观念,为这些普遍权利提示了基本形式:在其拥有者手中,它们就是否决权。未经我的同意,有些事你就不能对我做出,并且这个事实使我对自己的生活拥有一种主导权,他人如果侵犯或贬损是不正当的。这种个体主权在法律上体现为一系列的权利:生命权、身体权和财产权,和平达成自己目的的权利,同他人产生法律关系的权利,等等。

尽管这样看来,康德称得上是现代人权理论的最伟大先驱,他却并未低能到认为(现在许多人以为)可以只享受权利而不尽义务。事实上,康德的权利概念在重要性方面次于义务概念。只有遵守尊重他人权利的义务,我的权利才能得到实现;正是义务动机在所有涉及市民权利的内容中被间接提及(《道德形而上学》,239)。只有在准备好付出代价时,我才能够主张权利;代价就是接受通过我的主张而施加给你的相同的义务。我尤其有义务支持正义的普遍原则，这意味着我必须接受并赞同惩罚系统；没有惩罚系统，就不会有法律和共同体的延续(《道德形而上学》,331—332)。

## 共和理想

康德将合法政治体制视做一个法律体系，建立时着眼于对人的尊重,根据共和原则进行组织。受法国启蒙思想家,尤其是孟德斯鸠的影响，康德认为共和政体是一种特殊形式的政府,它赋予其成员以特殊的地位。你有可能是一个独裁统治者的**臣民**,但是在一个共和国中,你只可能是一个**公民**:公民和共和国的概念是一个单一复合观念中互相依存的两个部分。在共和政体中,人民自己创建管理他们的法律,这些法律表达了“公意”(正如康德效仿卢梭所称的),被统治者的同意正是通过公意获得的(《道德形而上学》,313—314)。

只有存在代议制政府，立法机关成为人民这个总体的代言人,共和政体才能存在。代表的过程将人民的内在主权转化为实在的统治权力,康德从法人模式中看到了这一点:一个集体决策的论坛,在这里人民的总体利益通过法律获得提升,而这个论坛本身又要向它制定的法律负责(《道德形而上学》,341)。如何达成代议制政府,这是康德政治哲学中的晦涩处之一(有些人认为这些晦涩应受责备)。康德曾在某处声称,“只有适合投票的人才有资格成为公民”(《道德形而上学》,314)。这表明康德是民主政体的支持者，但他随即又对上述说法进行限定,即同意法国革命者阿贝·西哀士的做法,区分主动公民和被动公民——后一个阶层不享有投票权,它包括所有无法完

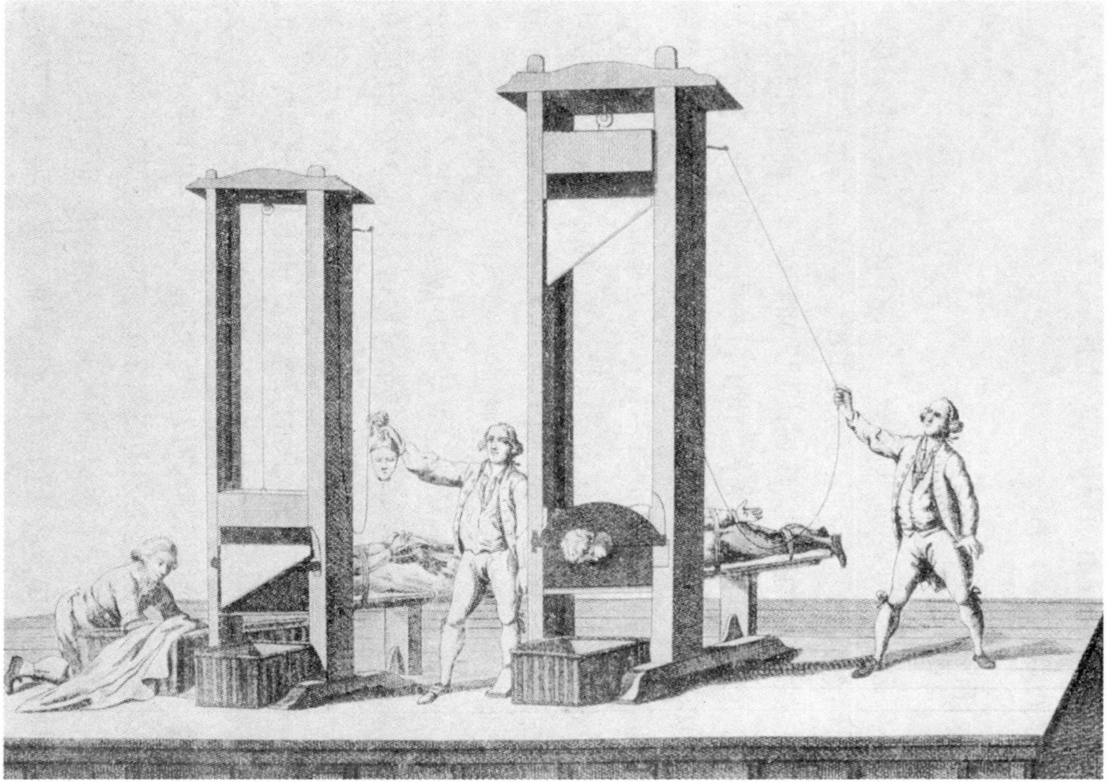

图 15 断头台，法国革命的象征

全独立的人。他将奴仆、未成年人、学徒以及所有妇女归入被动公民之列，认为“所有这些人缺少公民人格”，但这个事实却“无损他们作为组成人民的**人**所享有的自由和平等”(《道德形而上学》，315)。在别处，康德批评民主是另一种形式的暴政(《永久和平》，《道德形而上学》，101)，并且坚称共和政府的观念同民主选择没有内在联系。这个问题我们不再深入探究，但至少可以肯定一点：不管康德的公民权概念同当时中欧流行的政府形式多么格格不入，它都与当今的民主观念相去甚远。

## 分权

康德对于代议制的描述不够完善，这个缺憾在某种程度上被他关于分权的精妙辩护所弥补；分权观念由洛克引入政治哲学，随后被孟德斯鸠深化。和孟德斯鸠一样，康德将国家的立法、司法和行政权区分开，认为每种权力都应被视做一个“道德的人”(即拥有权利和义务的负责的行为主体)，同时又承认，它们不能独立存在，必须互相依赖、互相从属(《道德形而上学》，316)。政府的要务就在于维持这些权力之间的平衡，使得人民的“公意”能够在立法会议中得到表达。康德明确地认为多数人的投票本身不能产生正当法律。需要的是这样一个立法**程序**，通过它，人民的不同利益能够保持平衡且服从于司法审查。只有这样，才能保障每个公民的权利并避免专制的威胁。

这部分地解释了康德对于民主的敌意。他以为，在一个纯粹的民主政体中，政府与被管理者合为一体。在这种情况下，大多数人的专制欲念会直接转化为法律，不管每个人的权利与自由是否能以此得到尊重。要尊重自由，对权力的急切运行就要有制动装置。由此，法律必须由一方制定，另一方实施，第三方裁决，而绝不是由大多数人制定和实施。

康德的共和政体同君主立宪制并无矛盾，尽管他在许多地方表达了对于权力世袭，尤其是贵族特权世袭的敌意。最终，康德没能给出民主政体的替代品，这让他的读者仍不明白，共和政体的立法机构应该如何产生，以及要想成为人民这个总体的代表，必须达到什么样的条件。看来，康德似乎将代议制共和政体视做一个理性理想，我们可以接近却永难实现。他强烈反对所有形式的突变，并在总体上支持，对不违反绝对律令的任何形式的统治权采取服从态度。不久前的恐怖事件更使康德反对革命，尤其是弑君，而他对于民主政体的态度可以用甘地描述西方文明的语言来总结，即“这个观念不错”；但对于康德来说，观念总是“理性观念”，即总是指导实践，而非描述可能的实在性。



## 私有财产

在公民依据正义的普遍原则所享有的权利之中，康德指出财产权是重中之重，并尝试对所有权进行一种先验演绎，以回答“对象如何属于我？”这个问题（《道德形而上学》，249）。他将**感性**财产和**知性**财产区分开，前者指一种经验关系，后者是一种权利关系（《道德形而上学》，245）。他认为，所有关于权利的一般命题都是先天的，因为它们是理性法则：因此它们涉及智力或本体领域，而从实践理性的观点看，我自己就是其中的一部分。

财产权的基础不仅仅是先天的：它们牵涉到先天**综合**律令，如道德法则律令。说一个对象是我的，就是在我作为自由存在者的主权上增加肯定性的东西——某种不仅包含在自由概念里的东西。哲学家们徒劳地努力使增加的东西合法化，却未发现只有通过某种先验论证才能做到，这种先验论证会表明所有权有可能成为实践理性的先决条件。康德并未成功地提出这个论证：但他正确地指出，财产权的本质显现于这种权利被滥用时所遭遇的侵犯。这种侵犯拒绝认可另一方的存在以自身为目的，因此也不假定他是个自由、理性的主体。

黑格尔随后采纳了康德的论点，认为私有财产是理性主体的自主性和自我身份在客观世界中得到实现的工具。通过黑格尔，康德的财产概念成为 19 世纪知识界重要政治辩论的焦点，辩论双方分别为社会主义者及其反对者。

## 市民社会

在写作政治学论著的过程中，康德描述了“市民社会”——一种通过法律组织、处于最高立法权下的社会(《道德形而上学》，256—257)。康德称，在这样的社会里，必定会有财产、契约以及支持它们的法律，还必定有经济生活以及促成陌生人缔结合同的手段。因此康德提出一种货币理论，并指出货币的象征性质，认为货币是“这样一种东西，要使用它只能通过它的异化”(《道德形而上学》，286)——这个特征表明拥有金钱代表着必定拥有另外一种东西，其实就是拥有支配他人劳动的权力。所以，康德给了金钱一个“真正的定义”，即“人的劳动进行交换的普遍手段”(《道德形而上学》，287)。这个定义为 19 世纪对异化劳动的讨论作了铺垫，康德关于人的理论对这场讨论也有影响。

康德还讨论了性和性关系在市民社会中的地位，这使他显得不同于其他政治哲学家。他承认，性道德给自由主义世界观出了道难题。为什么国家要关注"成人在私下相互同意"的行为？尤其是，为什么道德上也要关注它，如果行为各方和其他人都没有受到损害？自由哲学家如何能不支持作为政治必要性和道德理想的性自由？

面对这个问题时，康德再次用到人以自身为目的这个概念。他大胆地（并且正确地）指出，存在着这样一种性行为，其中的另一方被视做物，而非人；可以说，其中的主体被客体所遮蔽。这就是我们说到"变态"这个词时所意指或应该意指的，这种变态违悖了对另一方和对自己的根本义务（《道德形而上学》，278—279）。康德性道德的内容（同基督教婚姻观一致，在康德时代流行）也许并不受到所有现代读者的认同。然而，正是康德首先探究性问题中的紧迫内容，探究为什么有些人会受到他人欲望的危害，为什么在我们的性遭遇中人格会处境危险。康德能够阐明这个难题，这又进一步强化了他的一个看法，即通过人的理论，他已经弄清了人类所处的形而上学困境。



## 永久和平

康德支持共和理想——自由和平等公民权的理想，法律在此由人民作为整体自我立法——基于以下两个理由。第一，他将共和理想视做绝对律令的先天结论。第二，他认为共和制政府是国际和平的先决条件。当个体利益凌驾于正义的要求之上，当专制权力将其意志以暴力强加于他人而获得益处时，战争就开始了。如果世界国家是以共和政体组织的，只有获得公民整体的同意才能通过一个决定，那么实践理性的先天法则在政治决策中就会发出自己的声音。战争将被排除在外，不仅因为它是一种实现集体目的的非正义手段，而且因为它是违悖公共利益的愚蠢之举。也就是说,它既和道德的绝对律令又和生存的假言律令相冲突。

然而,"永久和平" 状态不可能立即实现或通过法令实现。因为,即使是共和政体,这些国家之间仍处于一种面对面的自然状态,因此各国对于邻国是个"长期的威胁"(《永久和平》,《康德:政治学论述》,102)。必须迈出积极的步伐来扫除世界各民族之间的障碍。正如对于个人来说,废止自然状态以进入市民社会、享受权利带来的自由,这符合他们的利益;同样,对于国家来说,服从于一个共同的法律体系并超越折磨人类历史的不成熟的好战状态,也是有益的。我们应该追随"世界共和"的观念(《永久和平》,《康德:政治学论述》,105)——这个条件在现实中无法达到,却能够调节各个国家之间的交往,在不知不觉间将它们转化为联盟。这个共和国的联盟,联合于国际法,能够保证国家之间的和平。每个共和国都将支持保护他们不受侵略的法律,每个国家都将赞同一个统一的权利规则以保证他们之间的公平交往。

如其他许多散布于其政治思想中的知性结构一样,康德的"世界共和"是一个"理性理想"。这种理想学说是明显反乌托邦的。乌托邦主义者认为理想可以实现,并由此着手摧毁挡在路上的一切障碍。而康德派认为理想无法实现,因为我们活在一个不完美的世界中,受到经验环境的阻碍。理想必须被解释为调节性原则,它们指引我们走上改良的道路。因此,我们总是必须去进行修正,而不是去摧毁。

在探究其世界政府理想的过程中,康德对殖民主义进行了尖锐的批判,并声称只有在共和国联盟内,政治与道德才能够彼此一致。未达成这种联盟之前,政治家要想推进国家利益,就得依赖诡计、谎言和欺骗手段。因国家间实际关系而成为必须的保密惯例违反了"公共权利的先验公式",即如果一个行为与开诚布公不相容,这个行为就是错误的(《永久和平》,《康德:政治学论述》,126)。我们应该致力于促成开放政府,让国家间的交往像人与人之间的交往一样满布正直和诚实,而这些都由绝对律令指导。对人的尊重应该延伸到代表我们的国家;因为他们也是人,他们的权利和义务,如同我们的一样,也要由一个单一的道德法则来界定。

康德的政治观点吸引了许多随后的哲学家和法学家,并且在他去世之后的两个世纪里仍然意义重大。之后的战争和革命使得康德的乐观主义不再流行，但他对自然法和人权的诉诸、他从先验自由的前提推出正义理论的努力却具有持久的意义。假若康德预见了毁灭他美丽故乡的那些事件(还有无数的其他灾难),预见到了对故乡居民的集体屠杀,也许他对人类天性就不再那么有信心，这种信心即使在他对正义的最抽象论证中，也透着光芒。然而,这种信心仍然激励着一些人,他们如康德那样相信,理性可以通过它直接的律令和无法实现的理想引导我们。

第八章
# 先验哲学

康德的后继者们认为康德使哲学发生了不可逆转的变化。但康德在世时，知识界已经就其批判体系的意义而争论不休，产生分裂。康德真如埃伯哈德所指控的那样，属于莱布尼茨学派吗(《康德—埃伯哈德争论》，107)？难道他真的相信自然世界仅仅是“有充分根据的现象”，实在性本身存在于永恒而无限的本体性实体中，这些实体的特征只来源于理性？“物自体”是承载表象的根本实体吗？在给老年康德的一系列信件中，他的弟子雅各布·贝克详述了这种解释，并试图说明它站不住脚。但如果先验哲学并不是莱布尼茨唯理论的翻版，那它为什么不是休谟怀疑论经验主义的重复？康德哲学的否定方面比其肯定方面更为明朗，在当时他被(J. G. 哈曼)称为“普鲁士的休谟”。在第一部《批判》中的“二律背反”的冗长结束语中，康德强调了这个否定方面，并满怀骄傲地写到了一个方法，这个方法使得他能够突破所有之前的论证，指出某些结论并非尚未阐明，而是无法阐明。

不管是莱布尼茨派还是休谟派的解释，都无法真正站住脚。有时，康德确实会将概念说成是组织我们的知觉的“规则”(如《纯粹理性批判》第 1 版，126)，这让人想到休谟。同时，他也的确曾对“先验地假设”一个“如其所是的事物”的领域发生过兴趣(如《纯粹理性批判》第1版,780;《纯粹理性批判》第2版,808),这使得他更偏向莱布尼茨。但是,这些叙述是有偏差的。真正的康德批判哲学并不能比附于康德的先驱,因为他推翻了前人哲学的根基。

第一个出自康德哲学的重要思想学派是费希特(1762—1814)、谢林(1775—1854)和黑格尔(1770—1831)的“主观唯心论”。他们认为,未能证明“物自体”的批判哲学已经表明,实在性应该用精神术语来构想。对象的知识是按照“假设”而非“接受”被构想的。对于费希特来说,康德的功绩就在于表明,心灵只有通过其自身的活动才能获得知识;因此,在很重要的意义上来说,知识对象就是这项活动的**产物**。所以,费希特在给朋友的信中写道:“我认为我比康德更能自称为一个先验唯心论者;因为他还承认诸多表象,而我则断言这表象也是我们通过创造力制造的。”心灵被等同于“先验自我”,被理解为我们所熟知的本体对象。但问题又来了,**我们**又是谁呢?在费希特的哲学中,先验自我变成一种普遍精神,各个单独的经验自我,与这些自我在其中消耗精力的“表象世界”一起,就是由这种普遍精神建构的;它们整体依赖于一种不可知的综合,这种综合则从“物自体”这个不竭的蓄水池中产生了自然。

叔本华(1788—1860)也受到这种解释的影响,相信康德将“先验自我”和意志等同起来是正确的(意志因此即是表象背后真正的“实体”)。对于叔本华来说,像空间、时间和因果律这些科学概念只能够适用于表象,它们将秩序强加于表象世界(或者说“玛雅面纱”——叔本华借用自东方神秘主义的术语)。在这层面纱之后,意志开始它无尽的、不可知的以及不满足的旅程。与此相反，黑格尔拓展了费希特的观点，即已知的东西是由认识者“假设”的。他试图表明，先验演绎中所论证的客观参照物仅仅是自我意识扩展过程的第一步。精神(Geist)通过假设一个日益复杂的世界来逐渐认识自己。黑格尔将这个过程描述为“辩证的”，意在对其进行褒扬而非掩盖。他相信康德的第一部《批判》所展示的并非纯粹理性的错误，而是猜想与反驳的动态过程，经由这个过程理性不断否定自身的前进，从对片面知识的扬弃中达成了一幅日益完整、日益“绝对”的实在的图景。

康德应该不会承认自己的观点回归到了莱布尼茨。“轻盈的鸽子”，他写道，“在空中自由前进的同时感受到阻力，也许会以为在真空中飞翔要容易得多。”(《纯粹理性批判》第1版，5；《纯粹理性批判》第2版，8)因此，他将任何对绝对形式的知识的掩饰都斥为非实在的，因为这种绝对形式的知识意在翱翔于有阻力的经验媒介之上。如果认为先验对象指一个实物，那这个概念就被误解了。这个概念只能被设定为一种“观点”(《纯粹理性批判》第1版，681；《纯粹理性批判》第2版，710)，以便看清“纯粹知性原理只能应用于感觉对象……而不可能应用于一般事物，这些一般事物与我们能够理解它们的方式无甚关联”(《纯粹理性批判》第1版，246；《纯粹理性批判》第2版，303)。没有任何关于世界的描述可以不提到经验。尽管我们所知的世界不是我们的创造物，也不是我们视角的提纲，但它却不得不根据我们的观点被认知。所有要打破经验束缚的努力，最终都会走向自相矛盾，而且，尽管我们可能有“先验”知识的提示，这种知识却永不可能属于我们。这些提示仅限于道德生活和审美经验；它们能够在某种意义上告诉我们自己到底是谁，但当它们转化成话语时，却难以理解。哲学，一方面描述了知识的限度，一方面又总是想超越这些限度。对于这一点，康德的最终建议可以用维特根斯坦《逻辑哲学论》的最后一句话来表达：对于那些无法说出的，我们必须保持缄默。

# 索　引

（条目后的数字为原文页码）

## S

# 编者说明

《康德》(*Kant*)原著有第一版和修订版两个版本,均出自牛津大学出版社。本书引进的是修订版,编辑过程中对第一版中译文(《康德》,罗杰·斯克拉顿著、周文彰译,中国社会科学出版社 1989 年 9 月版)在部分术语和表述方式上有所参考。特此说明,并向译者周文彰先生致谢。

2010 年 12 月

Roger Scruton

# KANT

## A Very Short Introduction

# Preface to the revised edition

In revising this short introduction I have tried to take account of recent scholarship, and to offer a more reliable guide to both primary and secondary sources. I have also amended the text where it seemed to me to be inaccurate or misleading, and added a chapter on Kant's political philosophy – a subject that has attracted increasing attention in the twenty years since this book first appeared. The interpretation of Kant that I offer is by no means the only one, and I have had to take sides in controversies that are of ever-increasing intricacy. In the guide to Further Reading I indicate books that will help to rectify the inevitable one-sidedness of a short introduction.

*Malmesbury*
*January 2001*

# Preface to the first edition

I have tried to present Kant's thought in a modern idiom, while presupposing the least possible knowledge of philosophy. Since Kant is one of the most difficult of modern philosophers, I cannot hope that I have made every aspect of this thought intelligible to the general reader. It is not clear that every aspect of his thought has been intelligible to anyone, even to Kant. The depth and complexity of Kant's philosophy are such that it is only after complete immersion that the importance of its questions, and the imaginative power of its answers, can be understood. Kant hoped to draw the limits of the human understanding; he found himself compelled to transcend them. Readers should therefore not be surprised if they have to read this introduction more than once in order to appreciate Kant's vision. To share that vision is to see the world transformed; to acquire it cannot be the labour of a single day.

The first draft of this book was written in Prague. I am grateful to Dr Ladislav Hejdánek, not only for the invitation to speak to his seminar on the topic of the categorical imperative, but also for the example he has set in obeying it. I have benefited from Ruby Meager, Mark Platts, and Dorothy Edgington, who commented on a later draft, and from the students of London University who have, over the last decade, made the teaching of Kant's philosophy so rewarding. I have also benefited, in more ways than I can express, from the kindness of Lenka Dvořáková, to whom this book is dedicated.

*London*

*May 1981*

# Contents

# List of illustrations

# Abbreviations

Quotations are mostly from the English translations referred to in the Further reading. However, where these translations have seemed to me to be misleading or inelegant, I have used my own.

A. *Critique of Pure Reason*, first edition
B. *Critique of Pure Reason*, second edition
P. *Critique of Practical Reason*
J. *Critique of Aesthetic Judgement*
T. *Critique of Teleological Judgement*
G. *Groundwork of the Metaphysic of Morals*
F. *Prolegomena to any Future Metaphysics*
M. *The Metaphysics of Morals*

Page references to those works are to the standard German edition, or else, in the case of the *Critique of Pure Reason*, to the original pagination of the first and second editions. For English translations, see Further reading.

I have also occasionally referred to the following:

I. 'Inaugural Dissertation', contained in G. B. Kerferd, D. K. E. Walford, and P. G. Lucas (eds), *Kant: Selected Pre-Critical Writings* (Manchester, 1968)

*K.* *The Kant–Eberhard Controversy*, by H. E. Allison (Baltimore and London, 1973)

*L.* *Lectures on Ethics*, tr. L. Infield, new edition (New York, 1963)

*C.* *Kant's Philosophical Correspondence: 1759–99*, ed. and tr. Arnulf Zweig (Chicago, 1967)

R. Hans Reiss (ed.), *Kant: Political Writings*, tr. H. B. Nisbet (Cambridge, 1970). This contains three works that I refer to: *An Answer to the Question: 'What is Enlightenment?'* (*What is Enlightenment?*, for short); *On the Common Saying: 'This may be true in theory, but it does not apply in practice'* (*Common Saying*, for short), and *Perpetual Peace: A Philosophical Sketch* (*PP* for short).

All italics that appear in quotations from Kant are his own.

# Chapter 1
# Life, works, and character

The greatest modern philosopher was moved by nothing more than by duty. His life, in consequence, was unremarkable. For Kant, the virtuous man is so much the master of his passions as scarcely to be prompted by them, and so far indifferent to power and reputation as to regard their significance as nothing beside that of duty itself. Having confined his life so that he could act without strain according to this ideal, Kant devoted himself to scholarship, entirely governed by congenial routines. The little professor of Königsberg has thus become the type of the modern philosopher: bounded in a nutshell, and counting himself king of infinite space.

Immanuel Kant was born in Königsberg in 1724, the fourth of the nine children of a poor harness-maker. Kant's parents were simple people and devout pietists. At that time, pietism, a reformist movement within the Lutheran Church, held powerful sway among the lower and middle classes in Germany, consoling hardship with the idea of the sacredness of work, duty, and prayer; its vision of the sovereignty of conscience was to exert a lasting influence on Kant's moral thinking. Although in some respects anti-intellectual, it was also one of the major forces behind the spread of education in late-seventeenth-century Germany, and a pietist school had been established in Königsberg. To this school Kant, whose talents had been recognized by a wise and benevolent pastor, was sent at the age of 8. It is fortunate for posterity that such an education should have been offered to one of Kant's lowly origins; it was perhaps less fortunate for the young Kant himself, whose gratitude towards his tutors was so mingled with distaste for their oppressive zeal that in later years he forbore all mention of his early schooling. Some impression of its nature can be gathered from a remark in the little treatise on education, edited from Kant's lecture notes late in his life:

> Many people imagine that the years of their youth are the pleasantest and best of their lives; but it is not really so. They are the most troublesome; for we are then under strict discipline, can seldom choose our friends, and still more seldom have our freedom.



In a letter sent to Kant by a former schoolfriend, at a time when both had become famous, the philologist David Ruhnken remarked: 'thirty years have passed since the two of us groaned beneath the pedantically gloomy, but not entirely worthless, discipline of those fanatics.' And it is undeniable that Kant emerged from his schooling with a considerable weight of gloom, together with a remarkable self-discipline. His early manhood was partly devoted to using the second to overcome the first. In this he was almost completely successful. Despite straitened circumstances, a deformed and diminutive body, and the loss both of a father whom he respected and of a mother whom he deeply loved, Kant soon became one of the most popular citizens of Königsberg, welcomed everywhere for his grace, wit, and ready conversation.

Kant entered the university of his native city at the age of 16 and graduated from it six years later. Being unable to secure an academic position, he took work as a private tutor in various households. It was not until the age of 31 that he obtained a post at the university, as private docent, an unsalaried employment that conferred the privilege of giving public lectures, and the chance of securing a meagre reward through private tuition. By then Kant had already published works on dynamics and mathematics. He had also acquired, through the

1. Königsberg castle, with Kant's house bottom left.

connections that his position as private tutor made available, the social ease that was to earn him the title of *der schöne Magister*.

Königsberg was then a city of some dignity, with 50,000 inhabitants and an important garrison. As a seaport serving the trading interests of Eastern Prussia, it contained a bustling and variegated population, including Dutch, English, Poles, and Russians. The university, founded in 1544 as the Collegium Albertinum, was a cultural centre of some importance, although so much sunk in provincial obscurity by the mid-eighteenth century that Frederick the Great, visiting the city as crown prince in 1739, described it as 'better suited to the training of bears than to becoming a theatre of the sciences'. Frederick ascended the throne the following year, and did his best to spread into this corner of his kingdom the high culture and intellectual toleration that characterized his reign. Kant, who had already determined to value truth and duty above all things, was therefore fortunate to find that his university offered no major impediments to the pursuit of either. It was perhaps this, as much as his passionate attachment to his birthplace, that prompted him to wait so long for his first appointment, and to continue waiting thereafter, for another fifteen years, before being granted the professorship that he desired. During this period Kant several times refused offers from other German universities, and continued conscientiously to deliver, in the house where he lodged, the lectures that established his reputation. His intellectual labours were devoted mainly to mathematics and physics, and at the age of 31 he published a treatise on the origin of the universe that contained the first formulation of the nebular hypothesis. His duties required him, however, to lecture on a wide variety of subjects, including physical geography, about which he became, perhaps because of his reluctance to travel, an acknowledged authority and, in the opinion of one Count Purgstall (who admired the philosopher greatly), a conversational bore.

It is to some extent by chance that Kant's professorship was in metaphysics and logic, rather than in mathematics or natural science.

From this point in his career, however, Kant devoted his energies entirely to philosophy, rehearsing in his lectures the thoughts that he was to publish, ten years later, in works that earned him a reputation as the greatest luminary in Germany. The philosopher J. G. Hamann records that it was necessary to arrive in Kant's lecture room at six in the morning, one hour before the professor was due to appear, in order to obtain a place, and Kant's pupil Jachmann has this to say of the performance:

> Kant had a peculiarly skilful method of asserting and defining metaphysical concepts, which consisted, to all appearances, in carrying out his inquiries in front of his audience; as though he himself had just begun to consider the question, gradually adding fresh determining concepts, improving bit by bit on previously established explanations, and finally arriving at a definitive conclusion of his treatment of the subject, which he had thoroughly examined from every angle, having given the completely attentive listener not only a knowledge of the subject, but also an object lesson in methodical thought . . .



And in a letter to a friend, the same writer speaks of Kant's lectures on ethics:

> In these he ceased to be merely a speculative philosopher and became, at the same time, a spirited orator, sweeping the heart and emotions along with him, as well as satisfying the intelligence. Indeed, it was a heavenly delight to hear his sublimely pure ethical doctrine delivered with such powerful philosophic eloquence from the lips of its very creator. How often he moved us to tears, how often he stirred our hearts to their depths, how often he lifted up our minds and emotions from the shackles of self-seeking egoism to the exalted self-awareness of pure free-will, to absolute obedience to the laws of reason and to the exalted sense of our duty to others!

Jachmann is more fulsome than false, and Kant's fame as a speaker, both in private and in public, earned him wide recognition, long before the publication of his greatest works.

Kant's private life is often parodied as one of clockwork routine, fastidious, donnish, and self-centred. It is said (because Heine said it) that the housewives of Königsberg would set their clocks by his time of passing; it is said (because Kant once said it) that his constant concern for his bodily condition displayed a morbid hypochondria; it is also said that the bareness of his house and furnishings displayed an indifference to beauty, and that the punctuality of his routine disguised a cold and even frozen heart.

It is true that Kant's life was, if not mechanical, at least highly disciplined. His manservant had instructions to wake him each morning at five and to tolerate no malingering. He would work until seven at his desk, dressed in nightcap and robe, changing back into these garments at once when he had returned from his morning lectures. He remained in his study until one, when he took his single meal of the day, following it, irrespective of the weather, by a walk. He took this exercise alone, from the eccentric conviction that conversation, since it causes a person to breathe through the mouth, should not take place in the open air. He was averse to noise, twice changing lodging in order to avoid the sound of other people, and once writing indignantly to the director of police, commanding him to prevent the inmates of a nearby prison from consoling themselves with the singing of hymns. His aversion to music other than military marches was indeed notorious, as was his total indifference to the visual arts – he possessed only one engraving, a portrait of Rousseau, given to him by a friend.

Kant was aware of the accusations that the intellect draws to itself. And it was to the subject of this engraving that he turned in self-justification, saying that he should have regarded himself as much more worthless than the common labourer had not Rousseau convinced him that the intellect could play its part in restoring the rights of man. Like all people

2. Rousseau, whose engraved portrait was the only picture in Kant's possession.

given to the life of the mind, Kant was in need of the discipline that he imposed on himself. Far from crippling his moral nature, his routine enabled him to flower in the ways best suited to his genius. His love of solitude was balanced by an equal love of company. He would invariably have guests at his midday meal, inviting them on the same morning lest they should be embarrassed by the need to refuse some other invitation, and providing for each a pint of claret, and, if possible, some favourite dish. He conversed, to the delight and instruction of his companions, until three, endeavouring to end the meal in laughter (as much, however, from a conviction that laughter promotes digestion, as from any natural inclination towards it). Kant's writings contain many flashes of satire, and satire, indeed, was his favourite reading. His indifference to music and painting must be set against his love of poetry; even his concern for his health was little more than a consequence of the Kantian philosophy of duty. He neither admired nor enjoyed the sedentary life, but regarded it, nevertheless, as indispensable to the exercise of his intellect. Herder, one of the greatest and most passionate writers of the Romantic movement, attended Kant's lectures and afterwards vigorously opposed their influence. He nevertheless thought highly of Kant himself, and summarized his character in these words:



> I had the good fortune to make the acquaintance of a philosopher, who was my teacher. Though in the prime of life, he still had the joyful high spirits of a young man, which he kept, I believe, into extreme old age. His open brow, built for thought, was the seat of indestructible serenity and gladness. A wealth of ideas issued from his lips, jest and wit and good humour were at his bidding, and his instructional lecture was also the most fascinating entertainment.
>
> With the same spirit with which he examined Leibniz, Wolff, Baumgarten, Crusius and Hume, and analysed the laws of nature expounded by the physicists Kepler and Newton, he appraised the currently appearing writings of Rousseau, his *Emile* and his *Héloise*, as he

did every fresh discovery in natural science which came to his notice, estimated their value and returned, as always, to an unbiased knowledge of nature and of the moral worth of man.

The history of mankind, of nations and of nature, natural science, mathematics and his own experience were the well-springs which animated his lectures and his everyday life. He was never indifferent to anything worth knowing. No intrigue, no sectional interests, no advantage, no desire for fame ever possessed the slightest power to counteract his extension and illumination of truth. He encouraged and gently compelled people to think for themselves: despotism was alien to his nature. This man, whom I name with the deepest gratitude and reverence, is Immanuel Kant; I recall his image with pleasure.



Kant's duties as a university teacher required him to lecture on all aspects of philosophy, and for many years he devoted the major part of his intellectual efforts to teaching, and to publishing short and undeveloped books and papers. His greatest achievement – the *Critique of Pure Reason* – was also his first major publication, appearing in 1781, when Kant was 57. Of this work he wrote to Moses Mendelssohn: 'although the book is the product of twelve years of reflection, I completed it hastily, in perhaps four or five months, with the greatest attentiveness to its content but less care about its style and ease of comprehension' (*C*. 105–6). In an attempt to alleviate the difficulties presented by the *Critique*, he published a short *Prolegomena to any Future Metaphysic which shall lay Claim to being a Science* (1783), in which brilliant polemic is combined with an obscure condensation of the *Critique*'s most offending passages. For the second edition of the *Critique*, in 1787, Kant rewrote the most forbidding sections; since the result is equally difficult, commentators have come to agree that the opacity of Kant's work stems not so much from the style as from the thought itself. Despite its difficulty, however, the work rapidly became so famous that the 'critical philosophy' was being advocated, taught, opposed, and sometimes even censored and persecuted, throughout the German-speaking world. Kant's self-confidence increased, and he was able to write in 1787 to K. L. Reinhold (who did much to popularize Kant's ideas): 'I can assure you that the longer I continue in my path the less worried I become that any contradiction . . . will ever significantly damage my system' (*C.* 127). The influence of Kant's first Critique is justly summarized by Mme de Staël, when, thirty years after the first edition, she wrote that 'when at length the treasures of thought which it contains were discovered, it produced such a sensation in Germany, that almost all which has been accomplished since, in literature as well as in philosophy, has flowed from the impulse given by this performance'.

During the twelve years of reflection to which Kant refers in his letter to Mendelssohn he published almost nothing, and his earlier ('pre-critical') writings are of peripheral interest to the student of his mature philosophy. However, once the critical philosophy had achieved expression, Kant continued, with increasing confidence, to explore its ramifications. The *Critique of Pure Reason* dealt in a systematic way with metaphysics and the theory of knowledge; it was followed by the *Critique of Practical Reason* (1788), concerned with ethics, and the *Critique of Judgement* (1790), concerned largely with aesthetics. Many other works were added to those, and Kant's collected writings in the so-called *Berliner Ausgabe* now fill thirty-two volumes. Of these other works, three will particularly concern us: the *Prolegomena*, already mentioned, the *Groundwork of the Metaphysic of Morals*, which appeared in 1785, before the second *Critique*, and contains a compelling expression of Kant's moral theory, and *The Metaphysics of Morals*, a late work published in 1797, which contains Kant's ideas on politics and law.



During the reign of Frederick the Great Königsberg breathed the air of enlightenment, and Kant enjoyed the esteem of Frederick's ministers, in particular of von Zedlitz, the Minister of Education, to whom the *Critique of Pure Reason* is dedicated. A marked change occurred when Frederick William II ascended the throne. His minister, Woellner, exerted great influence, and, becoming responsible for religion in 1788, attempted to bring religious toleration to an end. Kant's *Religion within the Limits of Reason Alone* was published in 1793, under the imprint of the Königsberg philosophy faculty, thus escaping censorship on a point of law. Woellner, mightily displeased, wrote in the King's name to Kant, charging him to give an account of himself. Kant replied with a solemn promise to his sovereign not to engage in public discussion of religion, either through lectures or through writings. Kant regarded himself as absolved from this promise by the monarch's death. Nevertheless this conflict with authority caused him much pain and bitterness. Kant prided himself on being a loyal subject, despite republican sympathies, which he once expressed in the presence of an Englishman with such vivacity as to call forth a challenge to a duel, and with such eloquence as to overcome both the challenge and the opinions of the man who had offered it. (The man in question, Joseph Green, was a merchant in Königsberg, and subsequently became Kant's closest friend.)



Kant enjoyed the company of women (provided that they did not pretend to understand the *Critique of Pure Reason*) and twice contemplated marriage. On each occasion, however, he hesitated long enough to ensure that he remained unwed. One day, his disreputable and drunken manservant appeared at table in a yellow coat. Kant indignantly ordered him to take it off and sell it, promising to make good the financial loss. He then learned with amazement that the servant had been married, was a widower, and was now to marry again, the yellow coat having been purchased for the occasion. Kant was appalled at these revelations, and never again looked on his servant with favour. His attitude to marriage was curiously disenchanted, and, although he defended the institution in *The Metaphysics of Morals*, he also described the married state as an agreement between two people for the 'reciprocal use of each other's sexual organs' (*C.* 235, *M.* 277). However, in his early *Observations on the Sentiment of the Beautiful and the Sublime* (1764), Kant had written eloquently on the distinction

3. The old port of Königsberg, painted by Ludwig Hermann (1812–81).

between the sexes. He was radically opposed to the view that men and women partake of a common nature, which alone suffices to determine the character of their relations; instead, he assigned to women a charm, beauty, and capacity to melt the heart that are foreign to the more 'sublime', 'principled', and 'practical' sex to which he belonged. This description of women accords with Kant's description of natural beauty. It was nature, above all, that stirred his emotions, and it was to scenes of natural beauty that his mother had taken him as a child, so as to awaken his feelings towards the things she loved. It is possible to discern in his evocations, both of feminine charm and of natural beauty, the residue of erotic feelings which, had they been more actively expressed, might well have broken the routine to which our intellectual history is so heavily indebted.

Kant gave his last official lecture in 1796. By that time his faculties had begun to decline and a sombre melancholy had replaced his former gaiety. Fichte describes him as seeming to lecture in his sleep, waking with a start to his half-forgotten subject matter. Soon he lost his clarity of mind, his ability to recognize old friends, even his ability to complete simple sentences. He faded into insensibility, and passed from his blameless life on 12 February 1804, unaccompanied by his former intellectual powers. He was attended to his grave by people from all over Germany, and by the whole of Königsberg, being acknowledged even in his senility as the greatest glory of that town. His grave crumbled away and was restored in 1881. His remains were moved in 1924, to a solemn neoclassical portico attached to the cathedral. In 1950 unknown vandals broke open the sarcophagus, and left it empty. By that time Königsberg had ceased to be a centre of learning, had been absorbed, following its brutal destruction by the Red Army, into the Soviet Union, and had been renamed in honour of one of the few of Stalin's henchmen to die of natural causes. A bronze tablet remains fixed to the wall of the castle, overlooking the dead and wasted city, bearing these words from the concluding section of the *Critique of Practical Reason:*

> Two things fill the heart with ever renewed and increasing awe and reverence, the more often and the more steadily we meditate upon them: *the starry firmament above and the moral law within.*

It is fortunate for the inhabitants of Kaliningrad that they are daily reminded of two things that they may still admire.

4. Kant's memorial tablet in the castle wall.

# Chapter 2
# The background of Kant's thought

The *Critique of Pure Reason* is the most important work of philosophy to have been written in modern times; it is also one of the most difficult. It poses questions so novel and comprehensive that Kant judged it necessary to invent technical terms with which to discuss them. These terms have a strange beauty and compulsion, and it is impossible to acquire a full appreciation of Kant's work without experiencing the order and connectedness that his vocabulary imposes upon the traditional problems of philosophy. Nevertheless, the gist of Kant's thought can be expressed in a lowlier idiom, and in what follows I shall try to eliminate as many of his technicalities as I can. The task is not easy, since there is no accepted interpretation of their meaning. While a 'picture' of the Kantian system is common to all who have commented on it, there is no agreement whatsoever as to the strength, or even as to the content, of his arguments. A commentator who presents clear premisses and clear conclusions will invariably be accused of missing Kant's argument, and the only way to escape academic censure is to fall into the verbal mannerisms of the original. It has become, in recent years, slightly easier to risk this censure. Contemporary Kantian studies – in particular in Britain and America – have tended to the view that the obscurity of Kantian scholarship is often a product of its confusion. In order not to attribute the confusion to Kant, scholars have laboured hard to elicit from, or at least to impose upon, the first *Critique* an interpretation that renders it intelligible. I shall try to do the same, and shall be more influenced by these contemporary studies than I am able to acknowledge.

The first problem posed by the interpretation of the *Critique of Pure Reason* is this: what are the questions that it hopes to answer? Kant wrote, in the preface to the first edition:

> In this enquiry I have made completeness my aim, and I venture to assert that there is not a single metaphysical problem which has not been solved, or for the solution of which the key at least has not been supplied. (A., p. xiii)



While this represents the ambition, if not the achievement, of the first *Critique*, Kant was in fact motivated by more specific interests. If we turn to the historical antecedents of Kant's argument, we can extract from the philosophical controversies that influenced him certain major subjects of dispute. The most important we find to be the problem of objective knowledge, as this had been posed by Descartes. I can know much about myself, and this knowledge often has a character of certainty. In particular it is senseless, according to Descartes, to doubt that I exist. Here, doubt only confirms what is doubted. *Cogito ergo sum*. In this case, at least, I have objective knowledge. The fact that I exist is an objective fact; it is a fact about the world and not just about someone's perception. Whatever the world contains, it contains the thinking being who I am. Kant's contemporary Lichtenberg pointed out that Descartes ought not to have drawn this conclusion. The 'cogito' shows that there is a thought, but not that there is an 'I' who thinks it. Kant, similarly dissatisfied with Descartes's argument, and with the doctrine of the soul that flowed from it, felt that the certainty of self-knowledge had been wrongly described. It is true that, however sceptical I may be about the world, I cannot extend my scepticism into the subjective sphere (the sphere of consciousness): so I can be immediately certain of my present mental states. But I cannot be immediately certain of what I am, or of whether, indeed, there is an 'I'

# Critik der reinen Vernunft

von

**Immanuel Kant**

Professor in Königsberg.

Riga,
verlegts Johann Friedrich Hartknoch
1781.

5. The *Critique of Pure Reason*, first edition.

to whom these states belong. These further propositions must be established by argument, and that argument had yet to be found.

What is the character of this immediate and certain knowledge? The distinguishing feature of my present mental states is that they are as they seem to me and seem as they are. In the subjective sphere being and seeming collapse into each other. In the objective sphere they diverge. The world is objective because it can be other than it seems to me. So the true question of objective knowledge is: how can I know the world as it is? I can have knowledge of the world as it *seems*, since that is merely knowledge of my present perceptions, memories, thoughts, and feelings. But can I have knowledge of the world that is *not* just knowledge of how it seems? To put the question in slightly more general form: can I have knowledge of the world that is not just knowledge of my own point of view? Science, common sense, theology, and personal life all suppose the possibility of objective knowledge. If this supposition is unwarranted, then so are almost all the beliefs that we commonly entertain.

Among Kant's immediate predecessors, two in particular had provided answers to the question of objectivity that were sufficiently decisive to command the attention of the intellectual world. These were G. W. Leibniz (1646–1716) and David Hume (1711–76); the first claimed that we could have objective knowledge of the world uncontaminated by the point of view of any observer, the second claimed (or at least seemed to his contemporaries to claim) that we could have objective knowledge of nothing.

Leibniz was the founding father of Prussian academic philosophy. His thought, left to the world in succinct and unpublished fragments, had been built into a system by Christian von Wolff (1679–1754), and applied and extended by Wolff's pupil, the former pietist, A. G. Baumgarten (1714–62). The Leibnizian system had met with official censure during Kant's youth, since it made such claims for reason as to threaten those

6. Kant and his table partners, by Emil Doerstling, *c.*1900.

of faith; for a time Wolff was forbidden to teach. But the system was restored to favour under Frederick the Great, and became the orthodox metaphysics of the German Enlightenment. Kant respected this orthodoxy, and to the end of his days would use Baumgarten's works as texts for his lectures. But Hume's scepticism made a deep impression on him, and introduced new problems that he felt could be answered only by overthrowing the Leibnizian system. These problems, concerning causality and a priori knowledge (that is, knowledge not based in experience), were combined with the question of objectivity to form the peculiar subject matter of the first *Critique*.

Leibniz belonged to the school of thought now generally labelled 'rationalist', and Hume to the school of 'empiricism', which is commonly contrasted with it. This convenient, though contentious, division of his predecessors into rationalists and empiricists is in fact due to Kant. Believing that both philosophies were wrong in their conclusions, he attempted to give an account of philosophical method that incorporated the truths, and avoided the errors, of both. Rationalism derives all claims to knowledge from the exercise of reason, and purports to give an absolute description of the world, uncontaminated by the experience of any observer. It is an attempt to give a God's-eye view of reality. Empiricism argues that knowledge comes through experience alone; there is, therefore, no possibility of separating knowledge from the subjective condition of the knower. Kant wished to give an answer to the question of objective knowledge that was neither as absolute as Leibniz's nor as subjective as Hume's. The best way to make his unique position intelligible is to begin by summarizing the two views that he strove to reject.



Leibniz believed that the understanding contains within itself certain innate principles, which it knows intuitively to be true, and which form the axioms from which a complete description of the world can be derived. These principles are necessarily true, and do not depend upon experience for their confirmation. Hence they lead to a description of

7. Gottfried Wilhelm Leibniz (1696–1716).

the world as it is, not as it appears in experience or to a circumscribed 'point of view'. At the same time, the 'points of view' that are characteristic of individuals can be fitted into the rational picture of the world. Leibniz recognized a division in thought between subject and predicate (in the sentence 'John thinks', the subject-term is 'John' and the predicate-term is 'thinks'). He believed that this division corresponds to a distinction in reality between substance and property.

The fundamental objects in the world are substances. These, he thought, must be self-dependent, unlike the properties that inhere in them: for example, a substance can exist without thinking, but no thinking can exist without a substance. Being self-dependent, substances are also indestructible, except by a miracle. He called them 'monads', and his model for the monad was the individual soul, the thinking substance, as this had been described by Descartes. From this idea, he derived his 'perspectiveless' picture of the world, relying on two fundamental laws of reason: the Principle of Contradiction (a proposition and its negation cannot both be true), and the Principle of Sufficient Reason (nothing is true that has no sufficient explanation). By means of ingenious and subtle arguments and making the fewest possible assumptions, he arrived at the following conclusions.



The world consists of infinitely many individual monads, which exist neither in space nor in time, but eternally. Each monad is different in some respect from every other (the famous 'identity of indiscernibles'). Without that assumption objects cannot be individuated in terms of their intrinsic properties; a point of view then becomes necessary from which to tell things apart, and it is Leibniz's contention that the real nature of the world can be given from no point of view. The point of view of each monad is simply a way of representing its internal constitution; it does not represent the world as it is in itself. Each monad mirrors the universe from its own point of view, but no monad can enter into real relation, causal or otherwise, with any other. Even space and time are intellectual constructs, through which we make our experience intelligible, but which do not belong to the world as such. However, by the principle of 'pre-established harmony', the successive properties of every monad correspond to the successive properties of every other. So we can describe our successive states of mind as 'perceptions', and the world will 'appear' to each monad in a way that corresponds to its appearance to every other. There is a system among appearances, and within this system it makes sense to speak of spatial, temporal, and causal relations; of destructible individuals and dynamic principles; of perception, activity, and influence. These ideas, and the physical laws that we derive from them, depend for their validity on the underlying harmony among points of view that they describe. They do not yield knowledge of the real world of monads except indirectly, on account of our assurance that the way things appear bears the metaphysical imprint of the way things are. When two watches keep exact time together I might be tempted to think that the one causes the other to move. This is an example of a merely apparent relation. In some such way Leibniz argued that the whole world of common-sense belief and perception is no more than an appearance or 'phenomenon'. But it is, Leibniz said, a 'well-founded phenomenon'. It is no illusion, but a necessary and systematic offshoot of the operation of those rational principles that determine how things really are. The real substances, because they are described and identified from no point of view, are without phenomenal characteristics. Reality itself is accessible to reason alone, since only reason can rise above the individual point of view and participate in the vision of ultimate necessities, which is also God's. Hence reason must operate through 'innate' ideas. These are ideas that have been acquired through no experience and that belong to all thinking beings. They owe their content not to experience but to the intuitive capacities of reason. Among these ideas is that of substance, from which all Leibniz's principles ultimately flow.



Hume's vision is in some measure the opposite of Leibniz's. He denies the possibility of knowledge through reason, since reason cannot operate without ideas, and ideas are acquired only through the senses. The content of every thought must be given, in the last analysis, in terms of the experiences that warrant it, and no belief can be established as true except by reference to the sensory 'impressions' that provide its guarantee. (This is the general assumption of empiricism.) But the only experience that can confirm anything for me is my experience. The testimony of others, or of records, the formulation of laws or hypotheses, the appeal to memory and induction – all these depend for their authority on the experiences that guarantee them. My experiences are as they seem, and seem as they are, for here 'seeming' is all that there is. Hence there is no problem as to how I can know them. But in basing all knowledge on experience, Hume reduces my knowledge of the world to knowledge of my point of view. All claims to objectivity become spurious and illusory. When I claim to have knowledge of objects existing externally to my perceptions, all I can really mean is that those perceptions exhibit a kind of constancy and coherence that generates the (illusory) idea of independence. When I refer to causal necessities, all I am entitled to mean is the regular succession among experiences, together with the subjective sense of anticipation that arises from that. As for reason, this can tell us of the 'relations of ideas': for example, it can tell us that the idea of space is included in that of shape, or that the idea of a bachelor is identical with that of an unmarried man. But it can neither generate ideas of its own, nor decide whether an idea has application. It is the source only of trivial knowledge derived from the meanings of words; it can never lead to knowledge of matters of fact. Hume took his scepticism so far as to cast doubt upon the existence of the self (the entity that had provided the model for Leibniz's monad), saying that neither is there a perceivable object that goes by this name, nor is there any experience that would give rise to the idea of it.



Such scepticism, reaching back into that very point of view from which scepticism begins, is intolerable, and it is not surprising that Kant was, as he put it, aroused by Hume from 'dogmatic slumbers' (*F.* 9). The parts of Hume's philosophy that most disturbed him concerned the concept of causality. Hume had argued that there is no foundation for the belief in necessities in nature: necessity belongs to thought alone, and merely reflects the 'relations of ideas'. It was this that led Kant to perceive that natural science rests on the belief that there are real necessities, so that Hume's scepticism, far from being an academic exercise, threatened to undermine the foundations of scientific thought. Kant did indeed have a lasting quarrel with Leibniz, and with the Leibnizian system. But it was the sense that the problems of

8. David Hume (1711–1776).

objectivity and of causal necessity are ultimately connected that led him towards the outlook of the *Critique of Pure Reason*. It was only then that he perceived what was really wrong with Leibniz, through his attempt to show what was really wrong with Hume. He came to think as follows.

Neither experience nor reason is alone able to provide knowledge. The first provides content without form, the second form without content. Only in their synthesis is knowledge possible; hence there is no knowledge that does not bear the marks of reason and of experience together. Such knowledge is, however, genuine and objective. It transcends the point of view of the person who possesses it, and makes legitimate claims about an independent world. Nevertheless, it is impossible to know the world 'as it is in itself', independent of all perspective. Such an absolute conception of the object of knowledge is senseless, Kant argues, since it can be given only by employing concepts from which every element of meaning has been refined away. While I can know the world independently of my point of view on it, what I know (the world of 'appearance') bears the indelible marks of that point of view. Objects do not depend for their existence upon my perceiving them; but their nature is determined by the fact that they *can* be perceived. Objects are not Leibnizian monads, knowable only to the perspectiveless stance of 'pure reason'; nor are they Humean 'impressions', features of my own experience. They are objective, but their character is given by the point of view through which they can be known. This is the point of view of 'possible experience'. Kant tries to show that, properly understood, the idea of 'experience' already carries the objective reference that Hume denied. Experience contains *within* itself the features of space, time, and causality. Hence in describing my experience I am referring to an ordered perspective on an independent world.



In order to introduce this novel conception of objectivity (to which he gave the name 'transcendental idealism') Kant began from an exploration of a priori knowledge. Among true propositions, some are true independently of experience, and remain true however experience varies: these are the a priori truths. Others owe their truth to experience, and might have been false had experience been different: these are the a posteriori truths. (The terminology here was not invented by Kant, although it owes its popularity to Kant's frequent use of it.) Kant argued that a priori truths are of two kinds, which he called 'analytic' and 'synthetic' (A. 6–10). An analytic truth is one like 'All bachelors are unmarried' whose truth is guaranteed by the meaning, and discovered through the analysis, of the terms used to express it. A synthetic truth is one whose truth is not so derived but that, as Kant puts it, affirms something in the predicate that is not already contained in the subject. It is a truth like 'All bachelors are unfulfilled', which (supposing it to be true) says something substantial about bachelors and does not merely reiterate the definition of the term used to refer to them. The distinction between the analytic and the synthetic involved novel terminology, although similar distinctions can be found in earlier philosophers. Aquinas, inspired by Boethius, defines a 'self-evident' proposition as one in which the 'predicate is contained in the notion of the subject', and a similar idea is to be found in Leibniz. What is original, however, is Kant's insistence that the two distinctions (between the a priori and the a posteriori, and between the analytic and the synthetic), are of a wholly different nature. It is mere dogmatism on the part of empiricists to think that they must coincide. And yet for the empiricist view to be true, there cannot be synthetic a priori knowledge: synthetic truths can be known only through experience.



The empiricist position has been taken in recent times by the logical positivists of the 'Vienna Circle', who argued that all a priori truths are analytic, and drew the conclusion that any metaphysical proposition must be meaningless, since it could be neither analytic nor a posteriori. It was already apparent to Kant that empiricism denies the possibility of metaphysics. And yet metaphysics is necessary if foundations are to be provided for objective knowledge: without it, there is no conceivable

9. Moritz Schlick (1882–1936), leader of The Vienna Circle.

barrier against the scepticism of Hume. So the first question of all philosophy becomes 'How is synthetic a priori knowledge possible?' Or, to put it another way, 'How can I come to know the world through pure reflection, without recourse to experience?' Kant felt that there could be no explanation of a priori knowledge that divorces the object known from the perspective of the knower. Hence he was sceptical of all attempts to claim that we can have a priori knowledge of some timeless, spaceless world of the 'thing-in-itself' (that is, any object defined without reference to the 'possible experience' of an observer). I can have a priori knowledge only of the world that I experience. A priori knowledge provides support for, but it also derives its content from, empirical discovery. Kant's *Critique* is directed in part against the assumption that 'pure reason' can give content to knowledge without making reference to experience.



All a priori truths are both necessary and absolutely universal: these are the two signs whereby we can discern, among our claims to knowledge, those items that, if they are true at all, are true a priori. For it is obvious that experience could never confer necessity or absolute universality on anything; any experience might have been otherwise, and experience is necessarily finite and particular, so that a universal law (which has indefinitely many instances) could never be truly confirmed by it. No one should really doubt that there is synthetic a priori knowledge: Kant gave as the most conspicuous example mathematics, which we know by pure reasoning, but not by analysing the meanings of mathematical terms. There ought to be a philosophical explanation of the a priori nature of mathematics, and Kant attempted to provide it in the opening sections of the *Critique*. But he also drew attention to other examples, of a more puzzling kind. For instance, the following propositions seem to be true a priori: 'Every event has a cause'; 'The world consists of enduring objects which exist independently of me'; 'All discoverable objects are in space and time.' These propositions cannot be established through experience, since their truth is presupposed in the interpretation of experience. Moreover, each claims to be true, not just on this or that occasion, but universally and necessarily. Finally, it is just such truths as these that are required for the proof of objectivity. Hence the problem of objectivity and the problem of synthetic a priori knowledge are ultimately connected. Moreover, the vital role played by the truths given above in all scientific explanation persuaded Kant that a theory of objectivity would also provide an explanation of natural necessity. Such a theory would then give a complete answer to the scepticism of Hume.

What, then, are Kant's aims in the first *Critique*? First, in opposition to Hume, to show that synthetic a priori knowledge is possible, and to offer examples of it. Secondly, in opposition to Leibniz, to demonstrate that 'pure reason' alone, operating outside the constraints placed on it by experience, leads only to illusion, so that there is no a priori knowledge of 'things-in-themselves'. It is normal to divide the *Critique* into two parts, in accordance with this division of the subject, and to describe the first part as the 'Analytic', the second as the 'Dialectic'. While this division does not correspond exactly to Kant's division of chapters (which is exceedingly complex and bristles with technicalities), it is sufficiently close not to be misleading. The terms 'analytic' and 'dialectic' are Kant's: and so is the bifurcation of the argument. In the first part Kant's defence of objectivity is expounded, and it is with the argument of the 'Analytic' that I shall begin, for, until it is grasped, it will be impossible to understand the nature either of Kant's metaphysics, or of the moral, aesthetic, and political theories that he later derived from it.

# Chapter 3
# The transcendental deduction

Kant's answer to the fundamental question of metaphysics – 'How is synthetic a priori knowledge possible?' – contains two parts. I shall call these, following Kant's own terminology (A., p. xvi), the 'subjective' and the 'objective' deductions. (Kant uses the term 'deduction' in the legal sense, as in the deduction of a title to land – that is, a proof that we have the right to something, in this case, the right to apply certain concepts or 'categories'.) The subjective deduction had been partly adumbrated in Kant's inaugural dissertation of 1770 (I. 54 ff.), and consists in a theory of cognition. It tries to show what is involved in making a judgement: in holding something to be true or false. It concentrates on the nature of the mind, in particular on the nature of belief, sensation, and experience. Its conclusions are presented as part of a general theory of the 'understanding' (the faculty of judgement). Kant repeatedly emphasizes that the theory is not to be construed as empirical psychology. It is not, nor does it purport to be, a theory of the workings of the *human*, as opposed to some other, intelligence. It is a theory of the understanding as such, telling us what it is, and how it must function if there are to be judgements at all. In all philosophical discussion of these matters, Kant argues, we are talking 'not about the origin of experience, but about what lies in it' (*F.* 63). And he compares such purely philosophical questions to that 'analysis of concepts' that has since become so fashionable. Kant wishes to draw the limits of the understanding. If there are things that cannot be grasped by the understanding, then all assertions about them are meaningless.

The objective deduction consists in a positive attempt to establish the content of a priori knowledge. The argument here proceeds, not by an analysis of the faculties of knowledge, but by an exploration of its grounds. What are the presuppositions of experience? What has to be true if we are to have even that bare point of view that the sceptics ascribe to us? If we can identify these presuppositions, then they will be established as true a priori. For their truth follows, not from the fact that we have this or that experience, but from the fact that we have experience *at all*. Hence they depend upon no particular experience for their verification, and can be established by reasoning alone. They will be true in every world where the sceptical question can be asked (in every comprehensible world). And this is tantamount to their being necessary. I cannot conceive of their falsehood, since I cannot conceive of myself as part of a world that refutes them.



Kant calls this argument the 'transcendental deduction', and the resulting theory 'transcendental idealism'. The word 'transcendental' needs some explanation. An argument is transcendental if it 'transcends' the limits of empirical enquiry, so as to establish the a priori conditions of experience. We must distinguish transcendental from empirical argument (B. 81); the former, unlike the latter, leads to 'knowledge which is occupied not so much with objects as with the mode of our knowledge of objects *in so far as this mode of knowledge is possible a priori*' (B. 25). The word 'transcendental' is also used by Kant in another sense, to refer to 'transcendental objects'. These are objects that transcend experience – that is, objects which are not disclosed to empirical investigation, being neither observable themselves, nor causally related to what is observable. These 'transcendental objects' present a problem of interpretation to which I shall return in Chapter 4.

I shall also return to the interpretation of 'transcendental idealism'.

Briefly, this theory implies that the laws of the understanding, laid down in the subjective deduction, are the same as the a priori truths established in the objective deduction. It implies, in other words, a very special kind of harmony between the capacities of the knower and the nature of the known. It is because of this harmony that a priori knowledge is possible.

It follows from this theory that the 'forms of thought' that govern the understanding, and the a priori nature of reality, are in exact correspondence. The world is as we think it, and we think it as it is. Almost all the major difficulties in the interpretation of Kant depend upon which of those two propositions is emphasized. Is it our thought that determines the a priori nature of the world? Or is it the world that determines how we must think of it? The answer, I believe, is 'neither, and both'. But only at the very end of this book will that answer be clear.



## Self-consciousness

I have referred, adopting Kant's usage, to 'our' understanding and experience. Who are 'we'? Kant's use of the first person plural is a device of a very special character. He is not, as I said, engaging in a psychological study of 'creatures like us'. Nor is he speaking with some abstract authorial voice for which no true subject can be found. He means the term 'we' to denote indifferently any being who can use the term 'I': anyone who can identify himself as the subject of experience. The starting point of all Kant's philosophy is the single premiss of self-consciousness, and the first two of his three *Critiques* concern themselves respectively with the questions: 'What must a self-conscious being think?' and 'What must he do?' Self-consciousness is a deep phenomenon, with many layers and aspects. It is not every being that can know his own experience (for whom the 'I think' can accompany all his perceptions, as Kant expresses his crucial emendation of Descartes (B. 131–2)). But it is only such a being who can pose the sceptical question: 'Are things as they seem to me (as my experience represents them)?' The argument explores, therefore, the presuppositions of this self-consciousness. Kant's conclusion can be summarized thus: the conditions that make scepticism possible also show it to be false.

## The transcendental synthesis

I shall deal first with the subjective deduction – the theory of the 'subjective conditions' of judgement. There are two sources from which our knowledge is drawn: sensibility and understanding. The first is a faculty of intuitions (*Anschauungen*): it includes all the sensory states and modifications that empiricists think to be the sole basis of knowledge. The second is a faculty of concepts. Since concepts have to be *applied* in judgements, this faculty, unlike sensibility, is active. It is a mistake of empiricism, Kant argued, not to have understood this crucial point, and to have construed all concepts of the understanding on the model of sensations. (Thus for Hume a concept is simply a faded relict of the 'impression' from which it derives.) The corresponding mistake of rationalism is to think of sensation as a kind of confused aspiration towards conceptual thought. Thus Kant summarized the famous dispute between Leibniz and Locke in the following way: 'Leibniz *intellectualised* appearances, just as Locke . . . *sensualised* the concepts of the understanding.' In fact, however, there are two faculties here, irreducible the one to the other; they 'can supply objectively valid judgements of things only in *conjunction* with each other' (A. 271, B. 327).



Judgement requires, then, the joint operation of sensibility and understanding. A mind without concepts would have no capacity to think; equally, a mind armed with concepts, but with no sensory data to which they could be applied, would have nothing to think about. 'Without sensibility no object would be given to us, without understanding no object would be thought. Thoughts without content are empty; intuitions without concepts are blind' (A. 51, B. 75). Judgement requires what Kant calls a 'synthesis' of concept and intuition, and only in this synthesis is true experience (as opposed to mere 'intuition') generated. This synthesis is somewhat confusingly described by Kant: sometimes it seems to be a 'process' whereby experience is generated, at other times a kind of 'structure' that experience contains. In any event, it seems to have two stages: the 'pure' synthesis, whereby intuitions are grouped together into a totality, and then the act of judgement, in which the totality is given form through a concept (A. 79, B. 104). This synthesis is not meant to be a psychological fact; it is a 'transcendental' as opposed to an 'empirical' synthesis. In other words, it is presupposed in (self-conscious) experience, and not derived from it. I do not lay hold of my experience and then subject it to synthesis. For the very act of 'laying-hold' presupposes that this synthesis has occurred. Suppose I attempt to describe how things seem to me, as I sit writing at this desk. I am at once engaged in the activity of subsuming my sensory awareness under concepts (such concepts as those of desk and writing). I can represent my experience to myself only by describing 'how things seem': and that is to use the concepts of the understanding. Conversely, none of my concepts would be intelligible without the experiences that exhibit their application.



## A priori concepts

It is an assumption of empiricism that all concepts are derived from, or in some manner reducible to, the sensory intuitions that warrant their application. There can be no concept without the corresponding sensory stimulus, and it is in terms of such stimulus that the meaning of a concept must be given. Kant argued that this assumption is absurd. The empiricists confuse experience with sensation. Experience can provide the grounds for the application of a concept, because it already contains a concept, in accordance with the 'synthesis' just described. Sensation, or intuition, contains no concept, and provides grounds for no judgement. Until transformed by mental activity, all sensation is without intellectual structure, and therefore provides grounds for no belief. If we understand experiences, then it is because they already contain within themselves the concepts that we supposedly derive from them. Whence came these concepts? Not from the senses. There must therefore be some repertoire of concepts contained within the understanding itself, and which defines the forms of its activity.

It follows that the Leibnizian theory of 'innate ideas' is substantially correct. There are concepts that cannot be given through experience because they are presupposed in experience. They are involved in every apprehension of the world that I can represent as mine; not to possess them is to have, not experience, but mere intuition, from which no knowledge can be derived. These 'a priori concepts' of the understanding prescribe the basic 'forms' of judgement. All other concepts can be seen as 'determinations' of them – that is, as special cases, more or less adulterated by the reference to observation and experiment.

Kant called these fundamental concepts 'categories', borrowing a term that had been put to similar (but less systematic) use by Aristotle. The categories are our forms of thought. One such category is the concept that lies at the origin of the Leibnizian system: the category of substance. A substance is that which is able to exist independently, and which supports the properties that depend upon it. The concept 'chair' is a special, empirical determination of the general concept of substance. It can be acquired only by someone who already grasps that general concept, for only such a person would be able to interpret his experience in the requisite way. Another category is the one that had been subjected to such sceptical attack by Hume: the category of cause. It is not surprising that much of the argument of the Analytic concerns the ideas of substance and causality, as Kant wished us to understand them. However, he gave a list of twelve categories in all, and found to his satisfaction that they corresponded to all the disputes of traditional metaphysics.

10. Immanuel Kant at the age of 44, by Becker c.1768.

## The subjective deduction

It seems to follow from the above account that, if we are to have knowledge at all, our intuitions must permit application of the categories. To speak more directly: it must seem to us that we are confronted by substances, causes, and the rest. So we can know a priori that every comprehensible world (every world that could contain self-consciousness) must also have the appearance dictated by the categories. It can have that appearance only if it appears to obey certain 'principles'. A principle specifies the conditions under which a category gains application. The sum of all principles defines the extent of our claims to a priori knowledge.

What does this 'subjective deduction' of the categories establish? The answer seems to be this: we must think in terms of the categories, and must therefore accept as true the principles that govern their application. So the world must ordinarily appear to us in such a way that we *can* accept these principles. Self-consciousness requires that the world must appear to conform to the categories. This assertion contains the essence of what Kant called his 'Copernican Revolution' in philosophy. Previous philosophers had taken nature as primary, and asked how our cognitive capacities could lay hold of it. Kant takes those capacities as primary, and then deduces the a priori limits of nature. This is the first important step in his answer to Hume. It is well for Hume to assert that our knowledge has its foundation in experience. But experience is not the simple concept that Hume supposed it to be. Experience contains intellectual structure. It is already organized in accordance with the ideas of space, time, substance, and causality. Hence there is no knowledge of experience that does not point towards a world of nature. Our point of view is intrinsically a point of view *on* an objective world.

But does that answer the sceptic? Surely, he will say, even if Kant were right, and the world must appear to us in this way, does it also have to *be* as it *appears*? Even if we are compelled to think that the categories apply, it does not follow that they really *do* apply. We have yet to pass from the description of our point of view to a description of the world. The problem therefore remains, how 'subjective conditions of thought can have objective validity' (A. 89, B. 122). As Kant argues (B. 141), there can be no judgement without objectivity. Clearly then, an 'objective deduction' of the categories is required: an argument that will show that the world, and not just our experience of the world, is in conformity with the a priori principles of the understanding.

## Forms of thought and forms of intuition

Before proceeding to that objective deduction, we must return to the earlier sections of the *Critique of Pure Reason*, in which Kant writes in general terms about the nature of sensibility. Kant believed that he had arrived at his list of categories by a process of abstraction. Suppose I describe what I now see: a pen writing. The concept 'pen' is a special 'determination' of the wider concept 'artefact', itself a determination of 'material object', and so on. The limit of this train of abstraction is the a priori concept that each stage exemplifies: the concept of substance. Beyond that point we cannot abstract further, without ceasing to think. Likewise 'writing' is a determination of 'action', which is a determination of 'force', and so on: the category here being that of cause or explanation, beyond which the understanding cannot proceed. By these, and similar, thought-experiments, Kant supposed that he had isolated, through his list of the twelve categories, all the forms of judgement, and so given an exposition of the concept of objective truth. Hence the proof of the objectivity of our claims to knowledge involves the demonstration of the 'objective validity' of the categories, and of the principles presupposed in their application.



There are two ideas, however, that, despite their importance to science and to the objective view of the world, are not included in Kant's list of categories. These are the ideas of space and time, which he described, not as concepts, but as forms of intuition. Space and time are discussed in the opening section of the first *Critique*, the 'Transcendental Aesthetic'. The word 'aesthetic' here derives from the Greek for sensation, and indicates that the subject matter of this section is the faculty of sensibility, considered independently of the understanding. Kant argued that space and time, far from being concepts applicable to intuitions, are basic *forms* of intuition, meaning that every sensation must bear the imprint of temporal, and sometimes of spatial, organization.

Time is the form of 'inner sense', that is, of all states of mind, whether or not they are referred to an objective reality. There could not be a mental state that is not in time, and time is made real to us through this organization in our experience. Space is the form of 'outer sense' – that is, of those 'intuitions' that we refer to an independent world and that we therefore regard as 'appearances' of objective things. Nothing can appear to me as independent of myself without also being experienced as 'outside', and therefore as spatially related to, myself. Space, like time, forms part of the organization of my sensibility. My very sense-impressions bear the form of space, as is evidenced in the phenomenon of the 'visual field'.



But why deny that space and time are a priori concepts? They are a priori, but they cannot be concepts, since concepts are general, admitting of a plurality of instances. Kant argued that there is of necessity only one space, and only one time. All spaces form parts of a single space, and all times parts of a single time. Kant sometimes expresses this point by saying that space and time are not concepts but 'a priori intuitions'.

There is, in Kant's philosophy, a rage for order that leads him to attempt to solve as many philosophical questions as possible through each distinct part of his system. One motive for treating space and time separately from the categories of the understanding is in order to suggest an explanation for the fact that there are two kinds of synthetic a priori truth: mathematics and metaphysics. It seems that there ought to be a different explanation for each, since mathematics is self-evident, and obvious to all thinking beings, whereas metaphysics is essentially disputed, a matter over which people argue interminably; 'infinitely removed from being as evident as the proposition that twice two makes four' (A. 733, B. 761). Mathematics possesses, indeed, all the immediacy and indubitability of intuition itself, whereas the metaphysical principles, which derive from thought alone, are necessarily contentious. By construing mathematics as an a priori science of intuition, Kant thought that he could show why this is so. In mathematics we are dealing with 'a priori intuitions'; this automatically gives a content to our thought that is absent from the abstract employment of the categories. The conclusions of mathematics are arrived at both 'a priori and immediately' (A. 732, B. 760), whereas those of metaphysics must be derived by laborious argument.



Whether or not we accept Kant's explanation, it is a distinctive feature of his philosophy that he took mathematical truths to be synthetic a priori. At the same time he refused to countenance Plato's explanation of this synthetic a priori status, as deriving from the peculiar nature of mathematical objects: the abstract, immutable numbers and Forms. Kant also disagreed with Hume and Leibniz, both of whom had argued that mathematics is analytic. The question is, therefore, how can mathematics be synthetic a priori, and yet not provide knowledge of some mysterious and unobservable realm? In the *Inaugural Dissertation* Kant argued that the a priori nature of geometry derives from the subject, rather than from the object, of mathematical thought (I. 70–2). It is this that led to his mature view that there can be a priori knowledge of space only if space enters into the nature of perception. Hence the theory of space as a 'form' of intuition.

Objective knowledge has, then, a double origin: sensibility and understanding. And, just as the first must 'conform to' the second, so must the second 'conform to' the first; otherwise the transcendental synthesis of the two would be impossible. What does it mean to say that the understanding must 'conform to' the sensibility? Since time is the general form of all sensibility, the claim amounts to this: the categories must find their primary application in time, and be 'determined', or limited, accordingly. Thus the concept of substance must have, as its primary instance, not the monads of Leibniz, nor the abstract objects of the Platonic supersphere, but ordinary temporal things, which endure through time, and are subject to change. If such things are objective, then, by the theory that space is the form of outer sense, they must also be spatial. So to prove the 'objective validity' of the concept of substance is not to prove that the world consists of monads. The world consists rather of ordinary spatio-temporal objects. The philosophical proof of objectivity establishes the existence, not of an abstract, perspectiveless, world, but of the common-sense world of science and everyday perception: the very world that both Humean scepticism and Leibnizian metaphysics had thrown in doubt. It was therefore important to Kant to show, in his proof of objectivity, that the beliefs that he justified corresponded exactly to the laws that Newtonian science had laid down for all perceivable things.



## The transcendental unity of apperception

The 'objective' deduction of the categories begins from the premiss of self-consciousness, described, in characteristic language, as the 'transcendental unity of apperception'. It is important to understand this phrase, which contains in embryo much of Kant's philosophy. 'Apperception' is a term taken from Leibnizian metaphysics; it refers to any experience of which the subject is able to say 'this is mine'. In other words, 'apperception' means 'self-conscious experience'. The unity of apperception consists in the ' "I think" which can accompany all my perceptions' (B.131–2), to borrow again Kant's version of Descartes. It consists of my immediate awareness that simultaneous experiences belong to me. I know immediately that this thought, and this perception, are equally mine, in the sense of belonging to the unity of consciousness that defines my point of view. Doubt is here impossible: I could never be in the position that Dickens in *Hard Times* attributes to Mrs Gradgrind on her deathbed, knowing that there is a pain in the room somewhere, but not knowing that it is mine. This apprehension of unity is called 'transcendental' because I could never derive it from experience. I could not argue that, because this pain has such a quality, and this thought such another, they must belong to a single consciousness. If I did that, I could make a mistake; I could be in the absurd position of ascribing to myself some pain, thought, or perception that belonged, not to me, but to someone else. So the unity that I apprehend in my point of view is not a conclusion from experience, but a presupposition of experience. Its basis 'transcends' anything that experience could establish. As Kant sometimes puts it, the unity of consciousness 'precedes' all the data of intuition (A. 107).



The transcendental unity of apperception provides the minimal description of our point of view. I can know at least one thing: that there is a unity of consciousness. To doubt this is to cease to be self-conscious, and so to cease to find significance in doubt. The task is to show that this point of view is possible only in an objective world.

## The transcendental deduction

The objective deduction has the same 'transcendental' character as its premiss. It is concerned to show that the truth of its conclusion is not a deduction from experience but presupposed in the *existence* of experience. The transcendental unity of apperception is possible only if the subject inhabits the kind of world that the categories describe: an objective world, in which things may be other than they seem. To put the argument in a nutshell: the unity of apperception describes the condition of subjectivity, in which everything is as it seems and seems as it is. But no one can have the point of view of subjectivity who does not have knowledge of objective truths. He must therefore belong to a world of things that can be other than they seem and that exist independently of his own perspective.

An argument to that effect is hard to find, and it is significant that Kant was so dissatisfied with 'The Transcendental Deduction' that he rewrote it entirely for the second edition of the *Critique*, changing its emphasis from the subjective conclusion given above towards the objective deduction presently under discussion. Even so, the result is very obscure and a further passage – 'The Refutation of Idealism' – was added in order to make the emphasis on objectivity more persuasive. The point of this 'refutation' was to show 'that we have experience, and not merely *imagination*, of outer things' by demonstrating that 'even our inner experience [*Erfahrung*], which for Descartes is indubitable, is possible only on the assumption of outer experience [i.e. experience of an objective world]' (B. 275). The flavour of the argument is more apparent than its substance . At least the following three thoughts seem to be involved in it:



(i) *Identifying experience*. It is a common empiricist assumption that I can know my experience simply by observing it. But this is not so. I do not observe my experience, but only its object. Any knowledge of experience must therefore involve knowledge of its object. But I can have knowledge of the object only if I identify it as continuous. Nothing can have temporal continuity without also having the capacity to exist when unobserved. Its existence is therefore independent of my perception.

(ii) *Identity through time*. I can identify experience as mine only if I locate it in time. I must therefore ascribe it to a subject who exists in time and endures through time. My unity requires my continuity. But to endure is to be substantial, and nothing can be substantial unless it also enters into causal relations. I endure only if my past explains my future. Otherwise there is no difference between genuine duration and an infinite sequence of momentary selves. If I can be conscious of my experience at all, I can therefore conclude that I belong to a world to which such categories as substance and cause are correctly applied, since they are correctly applied to me. A condition of self-consciousness is, therefore, the existence of just that objective order which my experience suggests to me.

(iii) *Ordering in time.* I have privileged knowledge of present experience. To know my experience is therefore to know it as present. This is possible only if I distinguish in experience between now and then. Hence there is a 'temporal order' inherent in perception, and I must know this order if I am to know myself. But I can know it only if I can make reference to independent objects, and the regularities that govern them. Only then will I be able to describe time as a dimension in which experience occurs, rather than as a series of unrelated instants. The reality of time is presupposed in experience. And the reality of time presupposes the reality of an objective sequence. It is only by reference to that sequence, and to the enduring objects that structure it, that I can identify my own perception.



None of those thoughts is clearer in the original than in my brief résumé. It is fair to say that the transcendental deduction has never been considered to provide a satisfactory argument. In all its versions it involves a transition from the unity of consciousness to the identity of the subject through time. Hume pointed out that the slide from unity to identity is involved in all our claims to objective knowledge; he also thought that it could never be justified. Kant did not find the terms with which to answer Hume. Nevertheless his enterprise has appealed to many subsequent philosophers, and arguments similar to those adumbrated in the transcendental deduction have been revived in recent years, most notably by Ludwig Wittgenstein (1889–1951). In the famous 'private-language' argument in his *Philosophical Investigations* Wittgenstein argues that there can be no knowledge of experience that does not presuppose reference to a public world. I can know my own experience immediately and incorrigibly, but only because I apply to it concepts that gain their sense from public usage. And public usage describes a reality observable to others besides myself. The publicity of my language guarantees the objectivity of its reference. Wittgenstein's argument – which has seemed persuasive to many – shares the premiss and the conclusion of the transcendental deduction. It relies, however, not on metaphysical doctrines about time, but on theories of reference and meaning. It does not argue directly that subjects depend upon objects. Instead it shows that subjects depend upon *communities* of subjects, and therefore on the publicly observable world that establishes their shared frame of reference.

If valid, the transcendental deduction achieves a result of immense significance. It establishes the objectivity of my world while assuming no more than my point of view on it. Descartes, in the proof of the external world offered in his *Meditations*, tried to step outside the point of view of the subject by establishing the existence of an omniscient God: the world is then validated as an object of God's (perspectiveless) awareness. The essence of Kant's 'transcendental' method lies in its egocentricity. All the questions that I can ask I must ask from the standpoint that is mine; therefore they must bear the marks of my perspective, which is the perspective of 'possible experience'. The answer to them is not to be found in the attempt to rise to the standpoint of the reasoning being who knows without experience, but to find, within my experience itself, the response to sceptical enquiry. The transcendental method finds the answer to every philosophical question in the presuppositions of the perspective from which it must be asked.



## Principles

Kant argues that every category corresponds to a principle, whose truth is presupposed in its application. Principles are 'rules for the objective employment' of the categories (A. 161, B. 200). These principles are a priori truths, and they have two aspects. They say how we must think if we are to think at all; and, in their objective aspect, they say how the world must be if it is to be intelligible. Through these principles, the categories 'prescribe laws a priori to appearances, and therefore to nature' (B. 163). That is to say, they lay down synthetic a priori truths concerning the world of everyday and scientific observation. They are not a priori truths about 'things-in-themselves'. They do not give knowledge of a world described without reference to our perception. Synthetic a priori knowledge is only of 'things which may be the objects of possible experience' (B. 148). In this area, the principles state objective and necessary truths, since the categories 'relate of necessity and a priori to the objects of experience, for the reason that only by means of them can any object of experience be thought' (A. 110). The limitation to the 'objects of possible experience' is vital to Kant's philosophy, and he repeatedly emphasizes that 'outside the field of possible experience there can be no synthetic a priori principles' (A. 248, B. 305). We must always bear in mind that Kant wishes to admit a priori knowledge, but also to deny the possibility of the perspectiveless metaphysics of Leibniz.



I have chosen to concentrate on the categories of substance and cause. Kant associated these with a third, that of community, or reciprocal interaction. These concepts had been the principal objects of Hume's sceptical attack. They were also crucial to Leibniz's metaphysics, substance being the idea from which Leibniz began, and the 'Principle of Sufficient Reason', associated by Kant with causality (A. 200–1, B. 246), being the principle that governed his argument. Kant's discussion of these concepts is of great and lasting interest. He placed them at the heart of the question of objectivity, and expressed, in their analysis, what he took to be the metaphysical foundations of physical science. He derives their associated principles in a section called 'Analogies of Experience', and it is here that Kant makes some of his most revolutionary suggestions concerning the nature of objective knowledge.

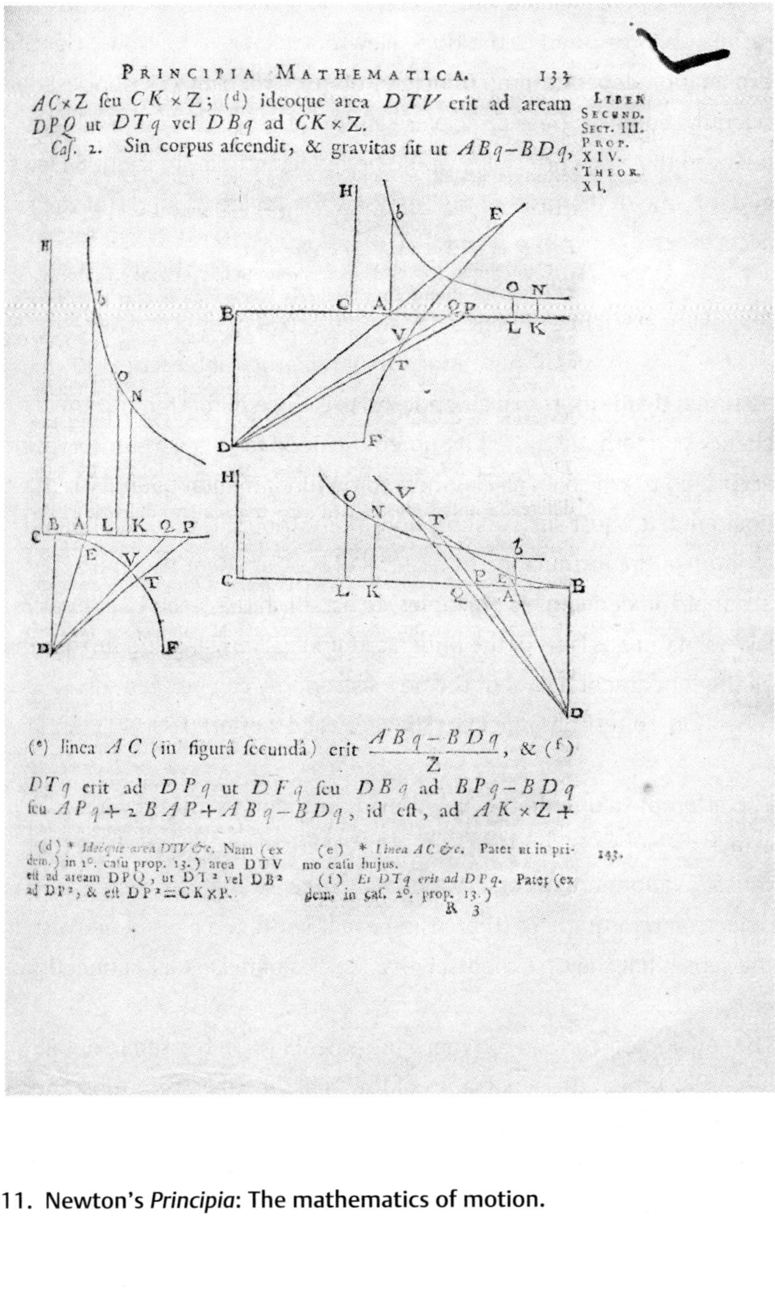

PRINCIPIA MATHEMATICA. 133

$AC \times Z$ seu $CK \times Z$; (d) ideoque area $DTV$ erit ad aream $DPQ$ ut $DTq$ vel $DBq$ ad $CK \times Z$. LIBER SECUND. SECT. III. PROP. XIV. THEOR. XI.

*Cas.* 2. Sin corpus ascendit, & gravitas sit ut $ABq - BDq$,

(e) linea $AC$ (in figurâ secundâ) erit $\frac{ABq - BDq}{Z}$, & (f) $DTq$ erit ad $DPq$ ut $DFq$ seu $DBq$ ad $BPq - BDq$ seu $APq + 2BAP + ABq - BDq$, id est, ad $AK \times Z +$

(d) * *Ideoque area DTV &c.* Nam (ex dem.) in 1°. casu prop. 13.) area DTV est ad aream DPQ, ut $DT^2$ vel $DB^2$ ad $DP^2$, & est $DP^2 = CK \times P$.

(e) * *Linea AC &c.* Patet ut in primo casu hujus.

(f) *Et DTq erit ad DPq.* Patet (ex dem. in cas. 2°. prop. 13.)

R 3 143.

11. Newton's *Principia*: The mathematics of motion.

Kant's division of all philosophical thought into elements of four and three is obsessive. But there is a special reason, when talking of substance and causality, for his insistence that there should be a third basic concept associated with these; namely, that Kant wished his results to correspond to the three Newtonian laws of motion. Scientific explanation depends upon principles of method: being presupposed in scientific enquiry, these principles cannot be proved through it. Kant believed that such principles would be reflected in basic scientific laws; and it is one of the tasks of metaphysics to provide grounds for their acceptance.

The physical science of Kant's day seemed to assume a priori the existence of universal causation, and of reciprocal interaction. It assumed that it must explain, not the existence of matter, but the changes undergone by it. It assumed the need for a law of conservation, according to which, in all changes, some fundamental quantity remains unaltered. It is just such assumptions, Kant thought, that had guided Newton in the formulation of his laws of motion. Kant therefore attempts, in deriving his principles, to establish the 'validity of universal laws of nature as laws of the understanding' (*F.* 74), arguing further that all the fundamental laws of the new astronomy can be seen, on reflection, to rest on principles that are valid a priori (*F.* 83).



The attempt to uphold the Newtonian mechanics is mixed with an attack on Hume's scepticism about causality. Kant tries to show that causal relations are necessary, both in the sense that it is necessary that objects enter into them (there is no event without a cause), and also in the sense that they are themselves a species of necessary connection .

The 'Analogies' contain too many arguments to be treated in detail here. Like other crucial passages of the Analytic, they were substantially rewritten for the second edition, the actual statement of the 'principles' undergoing significant revisions. But two theses deserve singling out on account of their subsequent importance. First, Kant argues that all explanation of change requires the postulation of an unchanging substance, and uses this as proof of the validity of a fundamental 'law of conservation' in science. His arguments provide one of the most important insights into the nature of scientific method since Descartes, and a clear move in the direction of the modern idea of the 'unity of science'. According to one version of this idea, there is a single law of conservation involved in the explanation of every change, and hence a single stuff (for example, energy), whose laws of transformation govern the whole of nature.

Secondly, Kant defends, in the second Analogy, the important metaphysical thesis that 'the relation of cause to effect is the condition of the objective validity of our empirical judgements' (A. 202, B. 247). It is only because we can find causal connections in our world that we can postulate its objectivity. This is a consequence of the connection between objectivity and duration: it is because things endure that I can distinguish their appearance from their reality. But they can endure only if there is a thread of causal connection that unites their temporal parts. This table is as it is *because* it was as it was. The dependence of objectivity on causality is matched by a similar dependence of causality on substance: it is only on the assumption of enduring things that our causal laws gain application. 'Causality leads to the concept of action, this in turn to the concept of force, and thereby to the concept of substance' (A. 204). We could put the point briefly by saying that we discover how things really are only by finding causes for how they seem, and we find causes only by postulating a realm of enduring things.



So the thought of an independent object involves thoughts about causality, and causality, Kant argues, is a species of necessity. To know any truth about the world is therefore to have knowledge of necessities: of what must be and of what might have been. This thesis radically contradicts the empiricist view that there are no necessities in nature, and also those modern theories that believe that our basic thoughts about the actual involve mental operations that are simpler than those involved in grasping the necessary and the possible.

All these striking theses emerge from an attempt to give what one might call a fully 'enriched' account of the objectivity of the physical world. Any philosopher who takes Kant's arguments seriously will see how difficult it is to 'reduce' the idea of an objective order to a mere synopsis of experience. Hence he will recognize the implausibility, not only of the scepticism that Kant attacked, but also of the empiricist theory of knowledge from which it began.

## Conclusion



The principles are valid a priori, but only in the case of the 'objects of possible experience'. The empiricists were wrong in rejecting the possibility of such a priori principles, but right in their assumption that our own perspective on the world is in some measure a constituent of our knowledge. We can know the world a priori only in so far as it is possible for it to present an appearance to our point of view. It is vain to attempt to rise above that point of view and know the world 'as it is in itself', independently of any possible perception. Thus all attempts to prove Leibniz's Principle of Sufficient Reason 'have, by the universal admission of those concerned, been fruitless' (A. 783, B. 811). But the 'transcendental' equivalent of the principle, Kant argues, is provable: the principle of sufficient reason then becomes the law of causality, the law that every event in the empirical world is bound by causal connections. This is an a priori truth, but only of the 'world of appearance', and therefore only of events in time. Despite Kant's swaggering self-confidence in this matter, many Leibnizians felt that they *had* offered a proof of the Principle of Sufficient Reason – Baumgarten, for one. And one of Baumgarten's disciples, Eberhard, attempted to show that the critical philosophy was no more than a restatement of the Leibnizian system, the Principle of Sufficient Reason being both necessary to Kant's enterprise and provable a priori. This was one of the few criticisms of the *Critique* to which Kant felt obliged to reply (in *On a Discovery*, published in 1790). Kant demonstrates the impossibility of proving the Principle 'without relation to sensible intuition' (*K.* 113), and emphasizes the helplessness of pure reason to advance beyond concepts to any substantial truth about the world. The Principle of Sufficient Reason can be established, he argues, only by his 'transcendental' method, which relates the objects of knowledge to the capacities of the knower, and proves a priori only those laws that determine the conditions of experience.

The vain attempt of the Leibnizians to found knowledge in 'pure reason' alone is the topic of the Dialectic. In following the outline of Kant's criticisms we shall be able to see exactly what he meant by 'transcendental idealism', and why he thought it could provide the middle course between empiricism and rationalism.

# Chapter 4
# The logic of illusion

While the understanding, properly employed, yields genuine, objective, knowledge, it also contains a temptation to illusion. It is this temptation that Kant attempts to diagnose and criticize in his examination of 'pure reason', and once again his argument has a subjective and an objective side. He describes a particular faculty, reason, in its illegitimate employment; he also demolishes all the claims to knowledge that this faculty tempts us to make. His subject matter in the Dialectic is rationalist metaphysics, and he divides metaphysics into three parts – rational psychology, concerning the nature of the soul; cosmology, concerning the nature of the universe and our status within it; and theology, concerning the existence of God. He then goes on to argue that each proceeds in accordance with its own kind of illusory argument, not towards truth, but towards fallacy. The diagnosis of these errors follows a common pattern. Each attempt by pure reason to establish the metaphysical doctrines towards which it is impelled transgresses the limits of experience, applying concepts in a manner that is 'unconditioned' by the faculty of intuition. Since it is only through the synthesis of concept and intuition that judgement is formed, this attempt cannot produce knowledge. On the contrary, concepts, divorced from their 'empirical conditions', are empty. 'The pure concepts of the understanding can *never* admit of *transcendental* but *always* only of *empirical* employment' (A. 246, B. 303). At the same time, since concepts contain within themselves this tendency towards 'unconditioned' application, it is an inevitable disease of the understanding that 'pure reason' should usurp its functions, and the categories be transformed from instruments of knowledge into those instruments of illusion that Kant calls 'ideas'.

Here we need to take another look at transcendental idealism, in order to see exactly what it is that Kant regards himself as having established in the Analytic. We find a crucial ambiguity in Kant's doctrines, which persists through the second and third *Critiques*.

## Appearance and reality

Kant often describes transcendental idealism as the doctrine that we have a priori knowledge only of 'appearances' and not of 'things as they are in themselves' (or 'things-in-themselves'). His followers and critics disputed heatedly over the 'thing-in-itself'. Moses Mendelssohn thought of it as a distinct entity, so that an appearance is one thing, the thing-in-itself another. Others, under the influence of Kant's pupil J. S. Beck, took the phrase 'thing-in-itself' to refer to a way of describing the very same object that we also know as an appearance. Kant lends support to this second interpretation in his correspondence with Beck, in many passages of the *Critique of Practical Reason*, and in a letter to one of its principal advocates: 'All objects that can be given to us can be conceptualised in two ways: on the one hand, as appearances; on the other hand, as things in themselves' (*C.* 103 n.). But there is no doubt that his mind was not made up about the matter, and this led to a crucial ambiguity in the critical philosophy.



Kant also says that the categories can be applied to 'phenomena', but not to 'noumena'. A phenomenon is an 'object of possible experience', whereas a noumenon is an object knowable to thought alone, and which it does not make sense to describe as an object of experience. It is natural to connect the two distinctions, and to assume that Kant believes appearances, or phenomena, to be knowable through experience, and 'things-in-themselves' to be mere noumena, not knowable at all since nothing is knowable in thought alone. Kant says, for example, that the concept of a 'noumenon' can be used only negatively, to designate the limit of our knowledge, and not positively, to designate things as they are in themselves. So that 'the division of objects into phenomena and noumena, and the world into a world of the senses and a world of the understanding, is . . . quite inadmissible in the positive sense' (A. 255, B. 311). In which case, the 'thing-in-itself' is not an entity, but a term standing proxy for the unrealizable ideal of perspectiveless knowledge.



The ambiguity in Kant's account is illustrated by the term 'appearance', which is taken sometimes in a transitive, sometimes in an intransitive, sense. Kant sometimes writes as though appearances are 'appearances *of*' something, whose reality is hidden from us. At other times, he writes as though appearances were independent entities, which derive their name from the fact that we observe and discover their nature. In this second sense, the word 'appearance' corresponds to our idea of a physical object. An appearance can be observed; it is situated in space; it enters into causal relations with other appearances and with the being who observes them. It is governed by scientific laws, and is or can be an object of discovery. It may be as it seems, and also other than it seems. It can have both secondary qualities (qualities that an object possesses only in relation to a particular sensory experience) and primary qualities (qualities that belong to its inner constitution) (A. 28–9). In short, appearances possess all the characteristics of physical objects. To say that an appearance, so understood, is also an appearance *of* something is surely incoherent. For, by Kant's own theory, the 'something' that supposedly underlies appearance could only be a 'noumenon', and about noumena nothing positive can be said. In particular, it makes no sense (or, at least, is devoid of content) to say that a noumenon causes, or stands in any other relation to, an appearance. (Kant's critics – such as Mendelssohn and G. E. Schulze – were quick to seize on this point, and put it forward as the principal weakness of the transcendental philosophy.) Sometimes indeed Kant writes as though every object is an appearance of some 'thing-in-itself', arguing that appearances must be 'grounded' in a 'reality' that is itself not merely appearance. But, since this is inconsistent with his theory of knowledge (which allows him neither to know nor even to mean what he purports to say), we must, for the moment, consider the thing-in-itself to be a nonentity. As we shall see, there are countervailing reasons that caused Kant to deny his own official theory. But it is impossible to proceed if we allow these reasons, and the rival doctrines that stem from them, to gain precedence at this juncture.

## Phenomena and noumena

The first edition of the *Critique* contained a lengthy exposition of the theory of transcendental idealism. This was deleted by Kant from the second edition, perhaps because it gave too much encouragement to the ambiguity described above. Kant also added the section called 'The Refutation of Idealism' (see above, p. 45), which attempts to provide a positive proof of objectivity, and a disproof of the 'empirical idealism' attributed to Berkeley. Empirical idealism is the view that 'empirical' objects are nothing but perceptions, and that the world of science has no reality beyond the experience of the observer. All empirical objects become 'ideal' entities, with no reality outside our conception of them. By contrast, Kant argues, transcendental idealism is a form of empirical realism: it implies that empirical objects are real.

Kant's assertion that transcendental idealism entails empirical realism is difficult to interpret. He argues, for example, that space and time are empirically real and also transcendentally ideal (A. 28, B. 44). This could mean that, if we take an empirical perspective, so to speak, then we acknowledge the reality of space and time; while, from the transcendental point of view, these things are 'nothing at all' (A. 28, B. 44). However, the idea of a transcendental point of view is, as Kant recognizes, highly contentious. It is not a point of view that is available to us, and therefore not something of which we can have a positive conception. A simpler reading of Kant's theory is the following: empirical objects are real, whereas transcendental objects are ideal. A transcendental object is not perceivable, and does not belong to the world of space, time, and causality. The 'monad' of Leibniz is such an object, and must therefore always remain a mere idea in the mind that conceives it, with no independent reality. But what are empirical objects? The answer that suggests itself is 'whatever objects are discovered or postulated through experience'.

The above states a metaphysical view that exactly corresponds to Kant's theory of knowledge. In the last analysis, it does not matter whether we describe the distinction between the empirical and the transcendental object as a distinction between that which exists and that which does not, or as a distinction between that which is knowable and that which is not. For, to borrow a remark of Wittgenstein's, 'a nothing would do as well as a something about which nothing can be said'. It seems then that the distinction between empirical and transcendental objects corresponds again to that between phenomena and noumena, the first being knowable, the second unknowable, since the concept of a noumenon can be employed only negatively, in order to mark out the limits of experience. All noumena are transcendental objects, and all transcendental objects, being merely 'intelligible' (that is, not knowable through experience), are noumena. So it would seem that the three distinctions coincide: phenomenon/noumenon; empirical object/transcendental object; appearance/thing-in-itself. In a lengthy discussion of Leibniz, which forms the bridging passage between the Analytic and the Dialectic, this is, in effect, what Kant says (especially A. 288–9, B. 344–6). Many scholars do not accept this interpretation; but it seems to me that, if we do not accept it, we attribute to Kant more inconsistency than his dexterity can sustain.

It is not surprising, therefore, to find that the ambiguity that surrounds Kant's conception of 'appearance' attaches also to that of the 'phenomenon'. This term is interpreted, sometimes as denoting a real perceivable object that exists independently of the observer, sometimes as denoting a mental 'representation' (or, in modern parlance, 'intentional object'). Under the latter interpretation the phenomenon becomes subjective (it is as it seems, and seems as it is). To establish its existence is to provide no guarantee of objectivity. No significant distinction would then remain between Kant's position (that we can have knowledge of phenomena) and the empirical idealism that he claims to reject. Even Leibniz admitted more objectivity into our 'point of view' than the empirical idealist, since he introduced the notion of the 'well-founded phenomenon' (see above, p. 24), according to which the stability of appearances is sufficient to warrant the distinction between being and seeming. Leibniz's approach to the 'phenomenal world' certainly influenced Kant, more perhaps than he cared to admit. But he wanted to go further in the direction of establishing the objectivity of the world of appearance, not less far.



It is clear from all this that the only acceptable interpretation of the terms 'phenomenon', 'appearance', and 'empirical object' is as denoting items in the physical world. Appearances include tables, chairs, and other such visible things; they also include entities that are observable only through their effects, such as atoms (A. 442, B. 470) and the most distant stars (A. 496, B. 524). These 'theoretical' entities also have the reality that comes from existence in space and time, and from the order imposed by the categories. They too are perceivable, in the sense of entering into specific causal relations with the mind that knows them. In other words, any object of scientific investigation is a 'phenomenon', and all phenomena are knowable in principle. But nothing else is knowable. 'Nothing is really given us save perception and the empirical advance [i.e. scientific inference] from this to other possible perceptions' (A. 493, B. 521). As for the idea of a noumenon, this is 'not the concept of an object' but a 'problem unavoidably bound up with the limitation of our sensibility' (A. 287, B. 344).

## The unconditioned

Kant's intention in the Dialectic is to show that we cannot know the 'world as it is', meaning the world conceived apart from the perspective of the knower. We must not, as Kant puts it, aspire to 'unconditioned' knowledge. At the same time, it seems inevitable that we should do so. Every time we establish something by argument, we assume the truth of the premiss. The premiss therefore describes the 'condition' under which the conclusion is true. But what about the truth of this condition? That too must be established by argument, and will turn out to possess its truth only 'conditionally'. Hence reason (in its guise as inference) inevitably leads us to search for the 'unconditioned', the ultimate premiss whose truth is derived from no other source. This 'idea' of reason contains the source of all metaphysical illusion. For all knowledge that we can legitimately claim is subject to the 'conditions' of possible experience. To aspire to knowledge of the unconditioned is to aspire beyond the conditions that make knowledge possible.



The effort of transcendence is, Kant argues, inevitable. Not only do we seek to transcend the conditions contained in the possibility of experience. We also seek to know the world 'as it is', free from the conditions to which it may be subject by such categories as substance and cause. These enterprises are in fact one and the same; for, as the Analytic shows, the two sets of conditions are identical. In each case the advance of reason towards the 'unconditioned' is the pursuit of knowledge untainted by perspective. Reason always aims to view the world, as Leibniz had viewed it, from no point of view.

## 'Pure reason'

From the standpoint of Kant's theory of knowledge, reason must be seen as the highest of cognitive faculties, under which all that is distinctive of self-knowledge is subsumed. Apart from its use in understanding (forming judgements), reason can be employed legitimately in two further ways: practically, and in carrying out inferences. Practical reason cannot be regarded as a branch of the understanding, since it does not issue in judgements (it makes no claims about the true and the false) . Nevertheless its use is legitimate: I can reason what to do, and my action can be a legitimate outcome of this process. Inference, which is the practice of deriving the logical consequences of a judgement, is also legitimate. But, unlike understanding, it employs no concepts of its own (for an inference that, as it were, 'adds a concept' to the premiss is for that reason invalid).

It is only when *pure* reason enters our thoughts that the 'logic of illusion' begins to beguile us. Pure reason is distinguished by the fact that it tries to make judgements of its own, using, not concepts, but 'ideas' from which all empirical conditions have been removed. The logic of illusion is 'dialectical': it must inevitably end in fallacy and contradiction. This tendency towards fallacy is not accidental, but intrinsic. There is no way in which reason can set out to know the world through 'ideas' and avoid the errors that lie in wait for it. These errors have already been committed, just as soon as we leave the knowable realm of experience and embark on the journey towards the 'unconditioned' world beyond. At the same time there is no way in which we can avoid the temptation towards this vain journey into the transcendental. Our very possession of a point of view on the world creates the 'idea' of a world seen from no point of view. Thus we strive always 'to find for the conditioned knowledge of the understanding, the unconditioned, whereby its unity might be brought to completion' (A. 307, B. 364).



## Pure reason and metaphysics

I have already drawn attention to Kant's important threefold division of the subject matter of speculative metaphysics. In 'transcendental psychology', reason generates its doctrines of the soul; in rational cosmology, it attempts to describe the world in its 'unconditioned totality'; in theology, it creates the idea of the perfect being who presides over a transcendent world. By a contrivance, Kant reconciles this division with the traditional view, that 'metaphysics has as the proper object of its enquiries three ideas only: God, freedom and immortality' (B. 395 n.). The idea of freedom is assigned to cosmology, on the grounds that all the metaphysical problems created by this idea stem from the belief that there is something – the moral agent – that is both in the world of nature and also outside it. This is one of the most important of Kant's theories. But I shall postpone discussion of it until the chapter that follows.

## Cosmology



The illusions of cosmology are called 'antinomies'. An 'antinomy' is the peculiar fallacy which enables us to derive both a proposition and its negation from the same premiss. According to Kant, antinomies are not genuine contradictions, since both of the propositions that constitute them are false, being based on a false assumption. He entitles this 'kind of opposition *dialectical*, and that of contradictories *analytical*' (A. 504, B. 532). He offers various tortuous explanations of how a proposition and its negation can both be false, and it is perhaps unnecessary to be detained by this puzzling piece of logic. Kant's point is that, in deriving each side of an antinomy, the same false assumption must be made. The purpose of his 'critique' is to root out this false assumption and show it to stem from the application of one of reason's 'ideas'. The assumption involved in cosmology is that we can think of the world in its 'unconditioned totality'. This would be possible only by transcending the perspective of 'possible experience' and trying to see all nature as a whole, from a point of view outside of it. The illusory nature of this idea is displayed by the fact that, from the premiss of such a transcendent perspective, a 'dialectical' contradiction follows.

Suppose, for example, that I allow myself to entertain the idea of the whole world of nature, as it is situated in space and time. If I now attempt to apply the idea in judgement, I must pass beyond my

12. Kant contemplates the Moral Law with one hand on the starry firmament.

empirical vision in order to grasp the totality of all objects of experience. I must attempt to envisage the whole of nature, independently of my particular perspective within it. If I could do that, I could ask myself: Is this totality limited or unlimited in space and time? Does it, or does it not, have boundaries? I find myself equally able to prove both conclusions. I can prove, for example, that the world must have a beginning in time (otherwise an infinite sequence of events must have already elapsed, and, Kant argues, a 'completed infinity' is an absurd idea). I can equally prove that it must have no beginning in time (for if it had a beginning, then there must be a reason why it began when it did, which is to suppose, absurdly, that a particular time has a causal property, or a capacity to 'bring into being', independently of the events that occupy it).

A similar contradiction can be derived from the assumption that the world as a whole has an explanation for its existence. From that assumption, I can prove that the world is causally self-dependent, consisting of an infinite chain of causes linking each moment to its predecessor. For the idea of a beginning to this series – the idea of a 'first cause' – is absurd, leading automatically to the question 'What caused the beginning?', to which there is no coherent answer. I can equally prove that the world is causally dependent, deriving its existence from some being that is 'cause of itself', or *causa sui*. For if there were no such being, then none of the causes in the sequence of nature would explain the existence of its effect. In which case, nothing in nature would have an explanation, and it would be impossible to say why anything should exist at all.



Such antinomies result from the attempt to reach beyond the perspective of experience to the absolute vantage point from which the totality of things (and hence the world 'as it is in itself') can be surveyed. If we suppose nature to be a thing-in-itself – that is, if we remove from the concept of nature the reference to any possible experience through which it is observed – then the proofs of the antinomies are well grounded. 'The conflict which results from the propositions thus obtained shows, however, that there is a fallacy in this assumption, and so leads us to the discovery of the true constitution of things, as objects of the senses' (A. 507, B. 537). The idea of 'absolute totality' holds only of 'things-in-themselves' (A. 506, B. 534), which is to say, of nothing knowable. For example, the concept of cause, which we can apply within the realm of empirical objects in order to designate their relations, becomes empty when lifted out of that realm and applied to the world as a whole. It is then applied beyond the empirical conditions that justify its application, and so leads inevitably to contradiction.

Nevertheless, Kant argues, these antinomies are not to be lightly dismissed as errors no sooner perceived than avoided. The assumption of totality that generates them is both the cause and the effect of all that is most serious in science. Suppose we were to accept the 'big bang' hypothesis concerning the origin of the universe. Only a short-sighted person would think that we have then answered the question of how the world began. For what caused the bang? Any answer will suppose that something already existed. So the hypothesis cannot explain the origin of things. The quest for an origin leads us forever backwards into the past. But either it is unsatisfiable – in which case, how does cosmology explain the *existence* of the world? – or it comes to rest in the postulation of a *causa sui* – in which case, we have left the scientific question unanswered and taken refuge in theology. Science itself pushes us towards the antinomy, by forcing us always to the limits of nature. But how can I know those limits if I cannot also transcend them?



Kant engages in an elaborate diagnosis of the antinomies, arguing that the two sides always correspond to rationalism and empiricism respectively, and he takes the opportunity to explore again the various errors of those philosophies. The resulting discussion is exceedingly complex, and has produced as much philosophical commentary as anything in the first *Critique*. Kant's love of system leads him to combine arguments of very different import and quality. But behind the profusion of reasoning lies one of the acutest discussions of scientific method to have issued from the pen of a philosopher. A reading of Kant's discussion inspired thinkers as diverse as Hegel and Einstein, and few can fail to be puzzled by the problems that Kant unearths. How *can* I view the world in its totality? And yet, how can there be explanation if I cannot? How can I explain the existence of anything, if I cannot explain the existence of everything? If I am confined for ever within my own point of view, how can I penetrate the mystery of nature?

## Theology

I have discussed the first and fourth of Kant's antinomies. The latter brings us to theology, and to Kant's subsequent suggestion that the idea of a *causa sui* is itself empty, and can be applied in judgement only so as to generate a contradiction. In the chapter entitled 'The Ideal of Reason', Kant reviews the traditional arguments for the existence of God, and imposes upon them a now famous classification. There are, he says, only three kinds of argument for God's existence, the 'cosmological', the 'ontological', and the 'physico-theological'. The first kind comprises all arguments which, proceeding from some contingent fact about the world, and from the question '*Why* is it so?', postulate the existence of a necessary being. A version of this is the 'first cause' argument discussed above: only if the series of causes begins in a *causa sui* can any contingent fact be finally explained. Of the second kind are all arguments which, in order to free themselves from contingent premisses (which, because they might be false, might also be doubted), attempt to prove the existence of God from the concept of God. Of the third kind are all arguments from 'design', which begin from the premiss of some good in nature, and argue by analogy to the perfection of its cause.

Kant says of the argument from design that it 'always deserves to be mentioned with respect. It is the oldest, the clearest, and the most consonant with human reason. It enlivens the study of nature, just as it itself derives its existence and gains ever new strength from that source' (A. 623, B. 651). In the third *Critique* he explains in more detail why this argument appealed to him. Kant was no atheist, and was perturbed by Hume's posthumous *Dialogues on Natural Religion*, the German version of which appeared as the *Critique* was being prepared for the press. There was time for Kant to wonder about Hume's motives, but not to consider his arguments (A. 745, B. 773). Hume foreshadows Kant's own critique of rational theology. But he is particularly dismissive of the argument from design, arguing that it proves either nothing at all (since there is no genuine analogy between the perfections of nature and the perfections of art) or, at best, the existence of a being no more perfect than the world of his creation. Kant too was unsatisfied by the argument from design. But, although he thought of it as invalid, at the same time he felt it to be the expression of a true presentiment. Hence he tried to provide a wholly novel elucidation of it, from the point of view not of the first but of the third *Critique*.



Considered as an intellectual proof, the argument from design can never be more cogent than the cosmological proof, upon which it depends (A. 630, B. 658). For design can be imputed to the world only on the assumption that the world has an explanation. That assumption carries no weight unless the cosmological proof is valid. We must show that we can step outside nature, in order to postulate the existence of a transcendent, necessary being – a being upon whom the entire order of things depends. Such a being must be self-caused; moreover, his existence cannot be a merely contingent fact, since, if that were so, he would be part of the chain of natural events, rather than an explanation of them. Something can exist necessarily only if its existence is implied by its concept. The existence of God must *follow* from the concept of God, since it is only by logical relations that a concept can explain anything. So, in the end, all three arguments reduce to the ontological argument, which tells us that God must exist, since existence belongs to the very concept of God.

In its traditional forms the ontological argument proves not only the existence, but also the perfection, of God. Neither of the other arguments seems able to prove God's absolute perfection: once again, they must rely on the ontological argument to give intellectual grounds for religious sentiment. The ontological argument proceeds as follows. God is an all-perfect being. Among perfections we must count moral goodness, power, and freedom. But we must also count existence. For the concept of an existent *x* is the concept of something more perfect than an *x*; to take away existence is to take away perfection. So existence is a perfection. Hence it follows from the idea of God, as an all-perfect being, that God exists.

Kant's rebuttal of this argument is famous for its anticipation of a doctrine of modern logic – the doctrine that existence is not a predicate. (When I say that John exists, is bald, and eats oysters, I attribute to John not three properties, but two.) Leibniz, in his discussion of contingency, had already recognized that existence is quite different from ordinary predicates. Nevertheless, he accepted the ontological argument, and did not see the logical consequence for his philosophy. To say that an *x* exists is to add nothing to its concept: it is to say that the concept has an instance. Indeed, there is already a fallacy (Kant even says a contradiction) involved in introducing existence into the concept of a thing (A. 597, B. 625). For it then becomes empty to assert that the thing exists. The assertion makes no advance from concept to reality. And so it affirms the existence of nothing. The ontological argument says that existence is a perfection. But it cannot be a perfection, since it is not a property. If the argument were valid, Kant thinks, it would follow that the judgement that God exists expresses an analytic truth. The theory that existence is not a predicate implies, however, that all existential propositions are synthetic (A. 598, B. 626).

## The regulative employment of the ideas of reason

Having completed his denunciation of the 'logic of illusion', Kant goes on to argue, at considerable length, and in a relaxed, expansive style appropriate to a writer whose intellectual labour is ended, that there is, after all, a legitimate use for the ideas of reason. Such ideas as that of unconditioned totality, and of the perfect creator who exists of necessity, generate illusions when considered in their 'constitutive' role: that is, when considered as descriptions of reality. The correct way to see them, however, is as 'regulative principles' (A. 644, B. 672). If we act as if these ideas were true of reality, then we are led to formulate true hypotheses. The ideas of order and totality, for example, lead us to propose ever wider and simpler laws, in terms of which the empirical world becomes ever more intelligible. This 'regulative' employment of the ideas is an employment from within the standpoint of experience. The constitutive employment attempts to transcend that standpoint, into the illusory realm of reason. The contradictions do not stem from the ideas themselves (which are not contradictory but merely empty); they stem from their wrong application. By way of emphasizing their regulative function, Kant sometimes refers to the ideas of reason as *ideals*.



Thus 'the ideal of a supreme being is nothing but a *regulative principle* of reason, which directs us to look upon all connection in the world as if it originated from an all-sufficient and necessary cause' (A. 619, B. 647). Considered thus it is the source, not of illusion, but of knowledge. The knowledge that it leads to remains circumscribed by the conditions of possible experience: in other words, it conforms to the categories, and does not reach beyond their legitimate territory into a transcendent realm. The idea 'does not show us how an object is constituted, but how, under its guidance, we should *seek* to determine the constitution and connection of the objects of experience' (A. 671, B. 699). Thus reason is led back from its vain speculations to the empirical world, trading the illusions of metaphysics for the realities of empirical science.

## The soul

Kant's discussion of the soul, and of the concept of the 'self' from which it gains its initial description, is among the most subtle parts of his philosophy. The account is given in two complex arguments: the first at the beginning of the Dialectic, in which he attacks the rationalist doctrines of the soul; the second in the third antinomy, and in the *Critique of Practical Reason*, in which he describes the nature of morality.

The 'Paralogisms of Pure Reason', which deal with the rationalist doctrines of the soul, were substantially revised for the second edition, perhaps because this aspect of the critical philosophy forms part of the multifaceted argument of the transcendental deduction, with which Kant had remained so dissatisfied. Kant's argument in the Analytic had begun by recognizing the peculiar reality of self-consciousness. I have a privileged awareness of my states of mind, and this is an 'original' or 'transcendental' act of understanding. The rationalists had sought to deduce from this privileged knowledge a specific theory of its object. They had thought that, because of the immediacy of self-awareness, the self must be a genuine object of consciousness. In the act of self-awareness I am presented with the 'I' that is aware. I can maintain this self-awareness even while doubting every other thing. Moreover, I am necessarily aware of my unity. Finally, I have an intuitive sense of my continuity through time: this cannot be derived from the observation of my body, or from any other external source. It therefore seems natural to conclude that I know myself to be substantial, indivisible, enduring, perhaps even immortal, on the basis of self-awareness alone. Such, Kant thought, was Descartes's argument. Nor is the conclusion an eccentricity of the 'Cartesian' view of consciousness. Like all the illusions of reason, it is one into which we are tempted just as soon as we begin to reflect on the datum before us. Every rational being must be tempted to think that the peculiar immediacy and inviolability of self-awareness guarantee its content. In the midst of every doubt, I may yet know this thing that is me, and, reason assures me, this intimate acquaintance with my own nature gives grounds for the belief in the immateriality of the soul. Furthermore, I cannot conceive of my own non-existence, since every attempt to do so postulates the 'I' as conceiver.

The reasoning is erroneous, since it moves from the purely *formal* unity of apperception to the substantial unity affirmed in the doctrine of the soul. 'The unity of consciousness which underlies the categories is . . . mistaken for an intuition of the subject as object, and the category of substance is then applied to it' (B. 421). Although the transcendental unity of apperception assures me that there is a unity in my present consciousness, it tells me nothing else about the kind of thing that bears it. It does not tell me that I am a substance (that is, an independently existing object) as opposed to an 'accident' or property. (For example, it does not refute the view that the mind is a complex property of the body.) It is 'quite impossible, by means of . . . simple self-consciousness, to determine the manner in which I exist, whether it be as substance or accident' (B. 420). If I cannot deduce that I am a substance, so much the less can I deduce that I am indivisible, indestructible, or immortal. The unity of consciousness does not even assure me that there is something in the empirical world to which the term 'I' applies. For the peculiar features of self-consciousness summarized under the idea of a transcendental unity of apperception are simply features of a 'point of view' on the world. The 'I' as thereby described is not part of the world but a perspective upon it (a way things seem). 'For the I is not a concept but only a designation of the object of inner sense in so far as we know it through no further predicate' (*F.* 98). To study the peculiarities of our self-awareness is, then, to study no item *in* the world. It is rather to explore that limiting point of empirical knowledge. 'The subject of the categories cannot by thinking the categories acquire a concept of itself as an object of the categories' (B. 422). It is no more possible for me to make the 'I' into the object of consciousness than it is to observe the limits of my own visual field. 'I' is the expression of my perspective, but denotes no item within it. To suppose otherwise is to pass illegitimately from subject to object; it is to suppose that the subject of consciousness can also, *as subject*, be the object of its own awareness.

The conclusion that Kant draws is this. There is a gap between the premiss of 'transcendental psychology' – the transcendental unity of apperception – and its conclusion – the substantiality of the soul. Because the first describes a point of view on the world, and the second an item in the world, it is impossible that reason should take us validly from the one to the other. Whether correct or not, Kant's suggestion has provided the cornerstone of many subsequent philosophies of the self, from that of Schopenhauer to those of Husserl, Heidegger, and Wittgenstein.



Sometimes Kant implies that the 'I' of self-awareness refers to a transcendental object. For it might seem that, having proved that the 'I' is not part of the empirical world, Kant has given us reason to refer it to the world of the thing-in-itself that lies beyond experience. This is not a legitimate conclusion from his argument, but, on the contrary, another, more subtle reiteration of the fallacy that it was designed to expose. Nevertheless it is a conclusion that Kant was inclined to countenance, since, without it, he thought morality would not be possible. Kant sought for a positive theory of the soul, not through pure reason, but through practical reason (B. 430–1). In order to understand this theory we must therefore explore his description of the moral life of the rational agent.

Chapter 5
# The categorical imperative

Kant's *Critique of Practical Reason* was preceded by a brilliant résumé of his moral viewpoint, the *Groundwork of the Metaphysic of Morals*. These works treat of 'practical reason': in using this expression Kant was consciously reviving the ancient contrast between theoretical and practical knowledge. All rational beings recognize the distinction between knowing the truth and knowing what to do about it. Judgements and decisions may each be based on, and amended through, reason, but only the first can be true or false. Hence there must be an employment of our rational faculties that does not have truth, but something else, as its aim. What is this something else? Aristotle said happiness; Kant says duty. It is in the analysis of the idea of duty that Kant's distinctive moral vision is expressed.

Suppose we establish the objectivity of judgement, and provide the necessary metaphysical grounding to those scientific principles that underlie the process of discovery. There remains another problem of objectivity, raised by practical, rather than theoretical, knowledge. Can we know what to do objectively, or must we simply rely on our subjective inclination to guide us? It is to this problem that Kant addressed himself, producing the most metaphysical and abstract basis that has ever been given for the common intuitions of morality.

## The antinomy of freedom

The starting point of Kant's ethics is the concept of freedom. According to his famous maxim that 'ought implies can', the right action must always be possible: which is to say, I must always be free to perform it. The moral agent 'judges that he can do a certain thing because he is conscious that he ought, and he recognises that he is free, a fact which, but for the moral law, he would never have known' (*P.* 30). In other words, the practice of morality forces the idea of freedom upon us. But, Kant argues, this idea, viewed theoretically, contains a contradiction, and he displays this contradiction in the third antinomy of the first *Critique.*

Every change that occurs in the order of nature has a cause: this is an 'established principle' of the Analytic, and 'allows of no exception' (A. 536, B. 564). If this is so, then every event in nature is bound in chains of ineluctable necessity. At the same time I think of myself as the originator of my actions, giving rise to them spontaneously, under the influence of no external constraint. If my action is part of nature, this seems to contradict the view that every event in nature is bound by causal necessity. If it is not part of nature, then it falls outside the realm of causal connection, and my will is the originator of nothing in the natural world.



There is only a contradiction here if I really *am* free. Kant is sometimes content to argue merely that I must *think* of myself as free. It is a presupposition of all action in the world – and hence of reasoned decisions – that the agent is the originator of what he does. And, Kant suggests, I cannot forsake this idea without losing the sense of myself as agent. The very perspective of reason that sees the world as bound in chains of necessity also sees it as containing freedom. Occasionally Kant goes further, and argues for the 'primacy' of practical reason (*P.* 120–1), meaning that *all* thought is an exercise of freedom, so that, if practical reason were impossible, we could not think coherently. In which case, the certainty of my freedom is as great as the certainty of anything. (This argument occurs, in more rhetorical form, in the writings of Sartre, whose existentialist doctrine of the moral life owes much to Kant.) If this is true, then of course the antinomy of freedom becomes acute: we are compelled by practical reason to accept that we are free, and by understanding to deny it.

Kant felt that there must be a solution to this antinomy, since in the practical sphere the employment of reason is legitimate. It is indeed practical reason that tells me what I am. The illusory progress of *pure* reason towards self-contradiction ought not to forbid *practical* reason, through which the antinomy must therefore be resolved. Pure reason leaves, as it were, a 'vacant place' in its account of the world, where the moral agent should be. 'This vacant place is filled by pure practical reason with a definite law of causality in an intelligible world . . . namely, the moral law' (*P.* 49). This new 'law of causality' is called 'transcendental freedom', and it defines the condition of the moral agent. The law of cause and effect operates only in the realm of nature (the empirical realm). Freedom, however, belongs, not to nature, but precisely to that 'intelligible' or transcendental realm to which categories like causality do not apply. I exist in the world of nature, as one 'appearance' among others. But I also exist as a 'thing-in-itself', bound, not by causality, but by the laws of practical reason. It is not that I am *two* things, but rather one thing, conceived under two contrasting aspects. Thus, 'there is not the smallest contradiction in saying that a *thing in appearance* (belonging to the world of sense) is subject to certain laws, from which the very same as a *thing in itself* is independent'. Moreover, the moral agent must always 'conceive and think of himself in this two-fold way' (*G.* 453). Freedom, then, is a transcendental 'idea', without application in the empirical world. And, in knowing ourselves to be free, we know ourselves at the same time as part of nature and as members of a transcendental world.

## The transcendental self

The doctrine of transcendental freedom is both puzzling and appealing. Its appeal lies in its promise of access to the transcendental; its puzzling quality comes from Kant's previous proof that such access is impossible. By Kant's own argument, there is nothing to be known, and nothing meaningfully to be said, about the transcendental world. Kant recognizes the difficulty, and admits that the 'demand to regard oneself *qua* subject of freedom as a noumenon, and at the same time from the point of view of physical nature as a phenomenon in one's own empirical consciousness' is 'paradoxical' (*P*. 6). And he even goes so far as to say that, while we do not comprehend the fact of moral freedom, 'we yet comprehend its *incomprehensibility*, and this is all that can fairly be demanded of a philosophy which strives to carry its principles to the very limit of human reason' (*G*. 463).



We can go some way towards explaining Kant's doctrine if we relate the 'transcendental freedom' that underlies practical reason to the 'transcendental unity of apperception' that underlies our knowledge of nature. Our perspective on the world contains two distinct aspects; and neither the unity of consciousness, nor transcendental freedom, can be deduced from our knowledge of the empirical world. But they are each guaranteed a priori as preconditions of the knowledge that we have. The first is the starting point for all our knowledge of truths, the second the starting point for all deliberation. They are transcendental, not in the positive sense of involving knowledge of a transcendental object, but in the negative sense of being presupposed by the legitimate employment of our rational powers. Hence they lie at the limit of what can be known. Freedom, being a perspective *on* the empirical world, cannot also be part of it. The knowledge of our own freedom is therefore a part of the 'apperception' that defines our perspective. (Authority for this interpretation can be found in the first *Critique*, notably A. 546–7, B. 574–5.)

Pure reason attempts to know the transcendental world through concepts. In other words, it attempts to form a positive conception of noumena. This attempt is doomed to failure. Practical reason, however, not being concerned in the discovery of truths, imposes no concepts on its objects. It will never, therefore, lead us into the error of forming a positive conception of the transcendental self. We know this self only practically, through the exercise of freedom. While we cannot translate this knowledge into judgements about our nature, we can translate it into some other thing. This other thing is given by the laws of practical reason, which are the synthetic a priori principles of action. Just as there are a priori laws of nature that can be derived from the unity of consciousness, so too are there a priori laws of reason that can be derived from the perspective of transcendental freedom. These will not be laws about the true and the false: they will have no part to play in description, prediction, and explanation. They will be practical laws, concerning what to do. The free agent will be bound by them in all his practical reasoning, since acceptance of them is a presupposition of the freedom without which practical reason is impossible.



It is true that Kant wavers between the view that the transcendental self is a kind of perspective, and the view that it is a distinct noumenal thing. He even attempts to resuscitate through practical reason all those theoretical conclusions concerning God, the soul, and immortality that had been dismissed as illusions of pure reason. I shall not, for the present, follow Kant into these mysterious regions. But the reader should bear in mind that I have only postponed the deep metaphysical problem that Kant's ethical doctrine creates.

## The problem of practical reason

Kant's idea of freedom becomes clearer when seen in the context of the problem that it was supposed to solve. Rational beings exist not only as self-conscious centres of knowledge, but also as agents. Their reason is not detached from their agency, but forms a constitutive part of it;

which is to say that, for a rational being, there is not only action, but also the *question* of action (the question 'What shall I do?'), and this question demands a reasoned answer. My rationality is expressed in the fact that some of my actions are intentional (they issue, to use Kant's term, from my 'will'). Of all such actions the question can be asked: Why do that? This question asks, not for a cause or explanation, but for a reason. Suppose someone asks me why I struck an old man in the street. The answer: 'Because electrical impulses from my brain precipitated muscular contractions, and this resulted in my hand making contact with his head' would be absurd and impertinent, however accurate as a causal explanation. The answer: 'Because he annoyed me' may be inadequate, in that it gives no good reason, but it is certainly not absurd. Reasons are designed to justify action, and not primarily to explain it. They refer to the grounds of an action, the premisses from which an agent may conclude what to do.



Practical reasons concern either ends or means. If I have an end in view, then I may deliberate over the means to achieve it. All philosophers agree that such reasoning exists; but many of them think that it shows no special 'practical' employment of the rational faculties. It is merely theoretical reason, put to use. Kant himself is of this view, arguing that 'precepts of skill' (how to find the means to one's ends) are merely theoretical principles (*P.* 25–6). Sceptical philosophers go further, and argue, with Hume, that there is no other use for reason in practical matters. All reasoning concerns means. Reason can neither generate, nor justify, the ends of our activity, since, in Hume's words, 'reason is, and ought only to be, the slave of the passions'. It is from the 'passions' that our ends are drawn, since it is passion, and passion only, that provides the ultimate motive to act. Reason can persuade us to act only when we are already motivated to obey it. If that is the case, then, Kant held, there can be no objective practical knowledge. For there can be no way in which reason will settle the question of what to do.

Kant held that practical reason is possible. He affirmed the (common-sense) belief that reason may constrain and justify, not only the means, but also the ends. In which case there may be an objective exercise of practical reason. It would be objective because based in reason alone, recommending ends of action to all rational beings, irrespective of their passions, interests, and desires. For this to be possible, however, reason must, as Hume argued, not only justify but also motivate our actions. If reason did not also *prompt* me to act, then reason would play no part in the process of decision making. So it would not be practical. Now, if reason generates only judgements about the world and inferences therefrom, it is hard to see how it *can* be a motive to act. That such and such a judgement is true or false may prompt me to all kinds of action, depending upon my ends. If these ends stem from the 'passions', then reason has no part in determining them. The only way in which reason can become practical, therefore, is by issuing not in judgements but in imperatives. An imperative does not describe the world; it addresses itself to an agent, and, if he accepts it, determines what he does. If, therefore, there are imperatives that arise simply from the exercise of reason, then reason alone can move us to action. 'In a practical law, reason determines the will immediately' (*P.* 25).



## Autonomy of the will

Kant's moral philosophy emerges from the amalgamation of the idea of transcendental freedom with that of an imperative of reason. He believes that reasoning about ends must always suppose just the kind of transcendental freedom that his metaphysics claims to be possible. Freedom is the power to will an end of action for myself. Any derivation of my ends from an external source is at the same time a subjection of myself to that source. And any natural process that governs my action confers on me the unfreedom of its cause. I then become the passive channel through which natural forces find their enactment. If my action is called unfree, it is because there is a sense in which it is not truly *mine.*

An action that originates in me can be attributed *only* to me, and is therefore in a real sense mine. In respect of such an action I am free. I act freely whenever *I* act, and unfreely whenever some other agency acts through me. This raises the question what am *I*? The obvious answer is 'a transcendental self', since that explains my freedom from the causality of nature. But Kant now supplements this answer with a theory of the will. An action originates in me whenever I decide on the action, simply on the basis of considering *it*. I do not consult my desires, interests, or any other 'empirical conditions', since that is to subject myself to the causality of nature. I simply reflect on the action, and choose it for its own sake, as an end in itself. This is the paradigm of a free action: one that is brought into being by reason alone. Such an action can be attributed, Kant thought, to no 'natural' force, no chain of 'empirical' causality. It arises spontaneously out of the rational processes that constitute my will.



Freedom, then, is the ability to be governed by reason. The imperatives of reason discussed in the last section are 'laws of freedom': principles whereby reason determines action. Hence there is a 'causality of freedom' in addition to the 'causality of nature', and freedom is nothing more than obedience to the first, perhaps in defiance of the second. This ability to be motivated by reason alone Kant called the autonomy of the will, and he contrasted it with the 'heteronomy' of the agent whose will is subject to external causes. Kant designates as external any cause that belongs to the 'causality of nature' – that is, any cause that is not founded in reason alone. An action that springs from desire, emotion, or interest is therefore 'heteronomous'.

Kant now develops his conception of the autonomous *agent*. This is an agent who is able to overcome the promptings of all heteronomous counsels, such as those of self-interest and desire, should they be in conflict with reason. Such a being postulates himself as a 'transcendental being' in that he defies the causality of nature and refers the grounds of his actions always to the 'causality of freedom'. Only an autonomous being has genuine ends of action (as opposed to mere objects of desire), and only such a being deserves our esteem, as the embodiment of rational choice. The autonomy of the will, Kant goes on to argue, 'is the sole principle of all moral laws, and of all duties which conform to them; on the other hand, heteronomy of the will not only cannot be the basis of any obligation, but is, on the contrary, opposed to the principle thereof, and to the morality of will' (*P.* 43). Because autonomy is manifest only in the obedience to reason, and because reason must guide action always through imperatives, autonomy is described as 'that property of the will whereby it is a law to itself' (*G.* 440). It is also 'the ground of the dignity of human nature and of every rational nature' (*G.* 436).

## Metaphysical difficulties



We must now return to the metaphysical problem of transcendental freedom. Two difficulties in particular stand out, since they correspond to difficulties that Kant himself had discovered in the rationalist metaphysics of Leibniz. First, how is the transcendental self to be individuated? What makes *this* self *me*? If the essential feature is reason and the agency that springs from it, then, since the laws of reason are universal, how am I to be distinguished from any other being who is subject to them? If the essential feature is my 'point of view' on the world, how is Kant to avoid the Leibnizian view of the self as a monad, defined by its point of view, but existing outside the world that it 'represents' thereby, incapable of entering into real relation with anything contained in it?

Secondly (or rather to continue the objection), how is the transcendental self related to the empirical world? In particular, how is it related to its own action, which is either an event in the empirical world or else totally ineffective? I must exist, as Kant acknowledges, both as an 'empirical self', within the realm of nature, and as a transcendental self, outside it. But, since the category of cause applies only to nature, the transcendental self remains for ever ineffective. In which case, why is its freedom so valuable? Kant relies on the view that the category of cause denotes a relation in time (of before and after); whereas the relation of a reason to that which springs from it is not temporal at all (*P*. 94–5). His tortuous discussion of this in the first *Critique* (A. 538–41, B. 566–9) fails to make clear how a reason offered to the transcendental self can motivate (and so explain) an event in the empirical world.

Kant's preferred stance towards these difficulties is summarized in the assertion that the idea of ourselves as members of a purely 'intelligible' realm to which categories do not apply 'remains always a useful and legitimate idea for the purpose of rational belief, although all knowledge stops at its threshold' (*G*. 462). At the same time, Kant continued to regard the paradox of human freedom as unavoidable: we could never solve it through theoretical reason, while practical reason assured us only that it *has* a solution. However, we must acknowledge 'the right of pure reason in its practical use to an extension which is not possible in its speculative use' (*P*. 50). Hence we can accept the verdict of practical reason on trust. Of course, we can always raise the question of freedom anew: it then becomes 'How is practical reason possible?' We know that it *is* possible, for without it our perspective on the world would vanish. But 'how pure reason can be practical – to explain this is beyond the power of human reason' (*G*. 461).



Kant is able to derive, with compelling logic, an entire system of common-sense morality from the premiss of transcendental freedom. Since the paradox of freedom remains unsolved at the end of this derivation, Kant may not be wholly wrong in his suggestion that we shall never be able to comprehend it.

## Hypothetical and categorical imperatives

There is a division in practical thought between hypothetical and categorical imperatives. The first typically begin with an 'If . . . ', as in 'If you want to stay, be polite.' Here the end is hypothetical, and the imperative states the means to it. The validity of all such imperatives can be established in accordance with the 'supreme principle' that 'whoever wills the end, wills the means'. This principle, Kant argues, is analytic (it derives its truth from concepts alone). But, although hypothetical imperatives may be valid, they can never be objective, since they are always *conditional*. They give a reason only to the person who has the end mentioned in the antecedent (in the example given above, the person who wants to stay), and are binding on no one else. This is true even of the 'counsels of prudence', which tell us what to do in order to be happy. For the concept of happiness refers to what we unavoidably desire, by virtue of our human nature; the hypothetical imperatives that refer us to our happiness apply universally, since human nature is the common condition of all rational agents; but they do not apply *necessarily*. 'What everyone already wants unavoidably, of his own accord, does not belong under the concept of *duty*; for duty is a *necessitation* to an unwillingly adopted end.' (*M*. 385.) It seems then that all hypothetical imperatives remain subjective, conditional on the individual's desires, and none of them corresponds to a true 'command of reason'.



Categorical imperatives do not typically contain an 'if'. They tell you what to do *unconditionally*. They may nevertheless be defended by reasons. If I say 'Shut the door!', then my command is arbitrary unless I can answer the question 'Why?' If I answer it to your satisfaction, then the imperative binds you. If the answer refers to some independent interest of yours, however, the imperative also ceases to be categorical, as in 'If you want to avoid punishment, shut the door.' Only if the answer represents the action *itself* as an end do we have a non-arbitrary categorical imperative. The signal of this is the presence of an 'ought': 'You ought to shut the door.' In the categorical 'ought' we have the true imperative of reason.

It is not implausible to follow Kant in aligning this familiar distinction between hypothetical and categorical imperatives with the distinction between reasoning over means and reasoning over ends. The problem of practical reason then becomes 'How are categorical imperatives possible?' Furthermore, Kant argues, morality can be expressed only in categorical imperatives. 'If duty is a conception that is to have any import and real legislative authority for our actions, it can only be expressed in categorical imperatives and not at all in hypothetical imperatives' (*G*. 425). Obedience to a hypothetical imperative is always obedience to the condition expressed in its antecedent. It therefore always involves heteronomy of the will. Obedience to a categorical imperative, however, since it springs from reason alone, must always be autonomous. Thus Kant also aligns the distinction between the two kinds of imperatives with that between heteronomy and autonomy, and thereby associates the problem of categorical imperatives with that of transcendental freedom: 'what makes categorical imperatives possible is this, that the idea of freedom makes me a member of an intelligible world' (*G*. 454).



But, if categorical imperatives are to be possible, they too require a supreme principle, which will show how reason discovers them. Hence practical reason is faced with a problem as general as the problem of theoretical reason, and requiring the same kind of answer. We must show how synthetic a priori *practical* knowledge is possible. The supreme principle of hypothetical imperatives is, as we have seen, analytic. Hence hypothetical imperatives make no real demands on the agent, but simply relate his ends to the means needed to secure them. Categorical imperatives, however, make real and unconditional demands: they are, in that sense, synthetic. Moreover, since their foundation lies in reason alone, they must be based a priori. The very form of a categorical imperative prevents it from deriving authority from any other source – for example, from a desire, need, or interest, or any other 'empirical condition' of the agent. In particular, there is no way in which categorical imperatives can be deduced from 'the particular attributes of human nature' (*G*. 425). Thus Kant rejects all the usual systems of ethics of his day, arguing that they are unable to explain the 'unconditional necessity' that attaches to the moral law. This necessity is explained only by a theory with an a priori basis. Hence all reference to empirical conditions – even to the most established facts of human nature – must be excluded from the grounds of morality (*G*. 427).

## The categorical imperative

The supreme principle of categorical imperatives is called *the* categorical imperative, on the assumption that there is, or ought to be, only one such principle (perhaps to avoid the possibility of conflicting duties (*L*. 20)). In fact the principle is restated in five variant forms, two of which involve new conceptions. It is therefore normal to consider the categorical imperative as a composite law of reason, with at least three separate parts. The law is derived, in its first and most famous formulation, as follows.



If we are to find an imperative that recommends itself on the basis of reason alone, then we must abstract from all the distinctions between rational agents, discounting their interests, desires, and ambitions, and all the 'empirical conditions' that circumscribe their actions. Only then will we base our law in practical reason alone, since we will have abstracted from any other ground. By this process of abstraction I arrive at the 'point of view of a member of an intelligible world' (*G*. 454). This is a point of view outside my own experience, which could therefore be adopted by any rational being, whatever his circumstances. The law that I formulate will then be an imperative that applies universally, to all rational beings. When deciding on my action as an end, I will be constrained by reason to 'act only on that maxim which I can at the same time will as a universal law' (my paraphrase from *G*. 421). (The term 'maxim' means both 'principle' and 'motive': a categorical imperative always commands, and always lays down a law.) The principle is in one sense 'formal': that is, it commands nothing specific. At the same time it is synthetic, since it legislates among all the possible ends of action, allowing some, and forbidding others. For example, it forbids the breaking of promises, for to will the universal breaking of promises is to will the abolition of promising, hence to will the abolition of the advantage that accrues to breaking promises, and so to will the abolition of my motive. Such forbidden ends of action are shown, by their confrontation with the supreme moral law, to involve the agent in a contradiction.

Kant regarded this first formulation of the categorical imperative as the philosophical basis of the famous golden rule, that we should do as we would be done by. It is a priori in that it is based in what can recommend itself to reason alone. This explains its right to a 'universal' form, and to the kind of necessity embodied in the categorical 'ought'.

The categorical imperative finds the ends of action by abstracting from everything but the fact of rational agency. Rational agency must therefore provide its own ends. The autonomous being is both the agent and the repository of all value, and exists, as Kant puts it, 'as an end in himself'. If we are to have values at all, we must value (respect) the existence and endeavours of rational beings. In this way autonomy prescribes its own limit. The constraint on our freedom is that we must respect the freedom of all: how else can our freedom issue in *universal* laws? It follows that we must never use another without regard to his autonomy; we must never treat him as a means. This brings us to the second major formulation of the categorical imperative, as the law that I must 'so act as to treat humanity, whether in my own self or in that of another, always as an end, and never as a means only' (my paraphrase from *G.* 429). 'Humanity' here covers all rational beings, and the distinction between those beings that can and those that cannot be regarded as mere means is what we are referring to in distinguishing *things* from *persons*. This distinction is the foundation of the concept of a 'right'. If someone asks whether an animal, a child, or an inanimate object has rights, he is asking whether the categorical imperative applies to it, in this second, most powerful, form.

We cannot, then, treat rational agents merely as the means through which external forces operate: to do so is to deny their autonomy and therefore to violate their claim to our respect. In abstracting towards the moral law, I am always deferring to the sovereignty of reason. So, while the form of my law is universal (the first imperative), its content must derive from its application to rational beings as ends in themselves (the second imperative). Hence I must always think of the moral law as a piece of universal legislation, which binds rational beings equally. I am thereby led to the idea of 'the will of every rational being as a universally legislative will' (*G.* 449). This conception in turn leads to another, that of a 'kingdom of ends', in which the universal legislation to which we all willingly bow when acting autonomously has become a law of nature. So 'every rational being must so act as if he were by his maxims in every case a legislating member of the universal kingdom of ends' (my paraphrase from *G.* 433–5). This third imperative suggests that all speculation about ends is also the postulation of an ideal world, in which things are as they ought to be and ought to be as they are. In this kingdom nothing conflicts with reason, and the rational being is both subject and sovereign of the law that there obtains.



## Moral intuitions

Kant believes that the various formulations of the categorical imperative can be derived by reflection on the single idea of autonomy, and that this alone is sufficient to recommend them to every rational being. He also thinks that they lend support to ordinary moral thought, just as the synthetic a priori principles of the understanding uphold our common scientific knowledge. It is a singular merit of Kant's moral system that it imposes order on an intuitive vision of morality. This vision is not the property of one person only, but (as Kant and many others have thought) of all people everywhere. Kant had been much influenced by the third Lord Shaftesbury (1671–1713) and his followers – the so-called British Moralists – who had argued that certain fundamental moral principles were not matters of individual preference, but rather, when reduced to their true basis in the human soul, universally acceptable, recording the unspoken agreement of rational beings everywhere. Kant accepted that view. But he attempted to free it from the study of 'the niggardly provision of our stepmother, nature' (*G.* 394). It was of the greatest importance to him, therefore, that his theory should generate the axioms of an intuitive morality. 'We have simply showed by the development of the universally received notion of morality that an autonomy of the will is inevitably connected with it' (*G.* 449). It is instructive to list some of the common intuitions that Kant's theory explains.

(i) *The content of morality*. Common morality enjoins respect for others and for oneself; it forbids exceptions in one's own favour; it regards all people as equal before the moral law. These are immediate consequences of the categorical imperative. In its second formulation, moreover, the imperative lends support to quite specific, and universally accepted, laws. It forbids murder, rape, theft, fraud, and dishonesty, along with all forms of arbitrary compulsion. It imposes a universal duty to respect the rights and interests of others, and a rational requirement to abstract from personal involvement towards the viewpoint of the impartial judge. Thus it encapsulates fundamental intuitions about justice, together with a specific and intuitively acceptable moral code.

(ii) *The force of morality*. On Kant's view, the motive of morality is quite different from that of interest or desire. It rules us absolutely and necessarily; we feel its power even when we are most defying it. It is not one consideration to be balanced against others, but rather a compelling dictate that can be ignored but never refuted. This accords, he thinks, with common intuition. If someone is told that he can satisfy the greatest of his lusts, only on condition that he will afterwards be hanged, then he is sure to refuse the offer. But if he is told that he must betray his friend, bear false witness, kill an innocent, or else be hanged, then his interest in his own life counts for nothing in determining what

13. Justice 'Giving to each that which is owed to him'.

he ought to do. He may bow to the threat; but only with a consciousness of doing wrong; and the moral law itself, unlike any motive of desire, propels him onwards to destruction.

(iii) *The good will.* In the moral judgement of action we refer the consequences produced to the agent who produced them. Unlike the intentional or the negligent, the unforeseeable and unintended are never blamed. Moral judgement is directed, not to the effects of an action, but to the good or bad intention that it shows. Hence, in Kant's famous words, 'nothing can possibly be conceived in the world, or even out of it, which can be called good without qualification, except a good will' (*G.* 393). Kant's theory accords exactly with this common intuition. All virtue is contained in autonomy, all vice in its absence, and all morality is summarized in the imperatives that guide the will.

(iv) *The moral agent.* Underlying intuitive morality is a view of the moral agent. Moral agents are differently motivated and differently constituted from agencies that occur in nature. Their actions have not only causes, but also reasons. They make decisions for the future, and so distinguish their intentions from their desires. They do not suffer their desires always to overcome them, but sometimes resist and subdue them. In everything they are both active and passive, and stand as legislators among their own emotions. The moral agent is an object not only of affection and love (which we may extend to all of nature) but also of esteem, and commands our esteem to the extent that the moral law is manifest in him. In all these intuitive distinctions – between reason and cause, intention and desire, action and passion, esteem and affection – we find aspects of the vital distinction that underlies them, that between person and thing. Only a person has rights, duties, and obligations; only a person acts for reasons in addition to causes; only a person merits our esteem. The philosophy of the categorical imperative explains this distinction and all those that reflect it. It also explains why the 'respect for persons' lies embedded in every moral code.

(v) *The role of law*. Someone may act as the good person acts, but this fact cast no credit on him, since his motive is self-interest. The person who helps another in distress only when he sees some advantage to himself in doing so is not acting out of duty, even if he is doing what duty commands. Hence we must distinguish action *according to* duty from action *from* duty, and confine our praise to the second. 'The former (*legality*) is possible even if inclinations alone have been the determining principles of the will; but the latter (*morality*) has moral value, which can be placed only in this: that the action is done out of duty . . . '(*P*. 81). This is a clear and intuitively acceptable consequence of Kant's theory. So too is the more theoretical proposition, that the fundamental concept in moral thought is not goodness, but obligation (*P*. 60–5).

(vi) *Reason and the passions*. We recognize in all our moral efforts that there may be a conflict between duty and desire. There thus arises, in every moral being, the idea of conscience as an independent motive, able to legislate among desires and so to forbid or permit them. Kant distinguishes the 'good will' of the moral agent from the 'holy will' that acts always without resistance from desire. The 'holy will' needs no imperative (*P*. 32), since it bends automatically in the direction of duty, whereas the ordinary agent stands always in need of principles, since his inclination is to thwart them. This sense of the conflict between reason and the passions is a widespread intuition. Kant takes it, however, to somewhat counter-intuitive extremes. He believes that the motive of benevolence, so dear to empiricist morality, is a species of mere inclination, and therefore morally neutral. 'It is a very beautiful thing to do good to men from love to them and from sympathetic benevolence, or to be just from love of order, but this is not yet the true moral maxim' (*P*. 82). Kant seems to have more praise for the misanthropy that does good against every inclination, than for the expressions of cheerful benevolence. It is in his ability to *resist* inclination that the worth of the moral agent resides. When, for example, someone who desires death goes on living out of a duty of self-preservation, only then, and for the first time, does self-preservation, in ceasing to be an instinct, become a sign of moral worth.

(vii) *Intention and desire*. Kant's moral philosophy also helps us to understand our peculiar predicament in another way, by highlighting the fact that we, as moral agents, can intend what we do not desire, and desire what we do not intend. This distinction between intention and desire has no place in animal behaviour: we explain what animals do in terms of what they want, with no remainder. But human motivation lies across a metaphysical divide – the very same divide between freedom and nature, reason and cause, subject and object, person and thing, which Kant tried to expound, explain, and justify in terms of his transcendental philosophy. Through reasoning we make up our mind to act; and having done so we *intend* what we have also decided, regardless of whether we want it. This extraordinary feature of the human condition invites an explanation: and Kant is one of the few philosophers to have provided one.



## Morality and the self

Those intuitions already lead us, Kant thinks, towards the idea of a transcendental freedom. If that idea is nonsense, then so is all our moral and practical thought. For, if we examine the intuitions systematically, we see that they distinguish the moral agent from his desires, and the free, reason-governed, autonomous nature of the person, from the unfree, passive (or, in Kant's term, 'pathological') nature of the animal. Surely, then, we must face up to the paradox of freedom. For we do think of ourselves both as empirical beings, bound by the laws of causality, and as transcendental beings, obedient to imperatives of reason alone.

We must remind ourselves again of the methodological character of the 'transcendental object'. This phrase designates, not an object of knowledge, but a limit to knowledge, defined by the perspective of practical reason. I am constrained by reason to view the world as a 'field of action', and hence to postulate the freedom of my will. Only from that postulate can I deliberate at all. From this perspective of practical reason I arrive inexorably at the categorical imperatives that compel my action. On one interpretation, the theory of the self and its agency is not a theory of how things *are* in a transcendental world, but of how things *seem* in the empirical world. 'The conception of an intelligible world is then only a *point of view* which reason finds itself compelled to take outside appearances, *in order to conceive itself as practical*' (*G*. 458). The rational agent requires, then, a special perspective on the world: he sees his actions under the aspect of freedom, and, while what he sees is the same as what he sees when studying the world scientifically, his practical knowledge cannot be expressed in scientific terms. He seeks not causes but reasons, not mechanisms but rational ends, not descriptive laws but imperatives. Thus Kant answers in the affirmative the question posed in the first *Critique*: 'is it possible to regard one and the same event as being in one aspect merely an effect of nature and in another aspect due to freedom?' (A. 543, B. 571). But the answer, referring as it does to a transcendental perspective, is such that we can comprehend only its incomprehensibility (*G*. 463).



## The objectivity of morals

If my freedom and the laws that guide it are constituted by a particular way things seem, how can I consider the commands of morality to be objectively valid? Reason alone, Kant argues, compels me to accept the categorical imperative; hence it has 'objective necessity'. It does not matter that this compulsion issues from a point of view. For the same is true of the compulsion to accept the a priori laws of science. If reason is both a motive to action, and also impelled by its nature towards definite precepts, what more can be demanded by way of objectivity? When someone asks 'Why should I be moral?', he is asking for a reason. An answer that refers to his interests binds him only 'conditionally': if his interests change, then the answer loses its force. But the perspective of practical reason is able to rise above all 'conditions', and this is part of what is implied in its 'transcendental' nature. It generates imperatives that bind unconditionally. In which case it answers the question 'Why be moral?' for all rational agents, irrespective of their desires. The person with evil desires can no more escape the force of reason's answer than the person who desires what is right.

So conceived, the task of proving the objectivity of morality is less great than that of proving the objectivity of science, despite popular prejudice to the contrary. For the faculty of the understanding requires two 'deductions', one to show what we must believe, the other to show what is true. Practical reason, which makes no claims to truth, does not stand in need of this second, 'objective', deduction. It is enough that reason compels us to think according to the categorical imperative. There is nothing further to be proved about an independent world. If sometimes we speak of moral truth, and moral reality, this is but another way of referring to the constraints that reason places on our conduct.



## The moral life

The moral nature of rational beings resides in their ability to impregnate all their judgements, motives, and affections with the universal demands of practical reason. Even in our most private and intimate encounters, reason covertly abstracts from the immediate circumstances and reminds us of the moral law. Those philosophers – such as Shaftesbury, Hutcheson, and Hume – who had stressed the importance to morality of the emotions were not wrong, except in their faulty concept of emotion. The moral life involves the exercise of anger, remorse, indignation, pride, esteem, and respect. And these are all emotions, since they are not subject to the will. But at the heart of such emotions is a respect for the moral law, and an abstraction from present and immediate conditions. It is this that justifies their place in the moral life of rational beings. '*Respect* is a *tribute* which we cannot refuse to merit, whether we will or not; we may indeed outwardly withhold it, but we cannot help feeling it inwardly' (*P.* 77). Kant's discussion of pride and self-respect (*L.* 120–7) is remarkably acute. By emphasizing the element of reason that lies embedded in human emotion, he is able to rebut the charge that 'moral feeling' plays no part in the motivation of the rational person (*L.* 139). But any theory that pays attention to the complexity of moral feeling must emphasize the imperative that lies at its heart.

The process of abstraction leads us, Kant thought, in a metaphysical direction. The moral life imposes an intimation of transcendental reality; we feel compelled towards the belief in God, in immortality, and in a divine ordinance in nature. These 'postulates of practical reason' are as ineluctable a product of moral thought as the imperative that guides us. Pure reason falls over itself in the attempt to prove the existence of God and the immortality of the soul. But, 'from the practical point of view the *possibility* [of these doctrines] must be assumed, although we cannot theoretically know and understand it' (*P.* 4). This obscure concession to the claims of theology is hard to accept. But some light is cast on Kant's intention by the third of his *Critiques*, to the examination of which we now must turn.

# Chapter 6
# Beauty and design

It is not God's command that binds us to morality, but morality that points to the possibility of a 'holy will'. Kant warns against the 'fanaticism, indeed the impiety, of abandoning the guidance of a morally legislative reason in the right conduct of our lives, in order to derive guidance directly from the idea of the Supreme Being' (A. 819, B. 847). Kant's writings on religion exhibit one of the first attempts at the systematic demystification of theology. He criticizes all forms of anthropomorphism, and expounds, in his *Religion within the Limits of Reason Alone* (1793), a 'hermeneutical rule' of 'moral interpretation'. All scripture and religious doctrine that conflict with reason must be interpreted allegorically, so as to express moral insights that gain vivacity, rather than validity, from their religious expression. The attempt to make the idea of God intelligible through images, and so to subsume God under the categories of the empirical world, is self-contradictory. If God is a transcendental being, then there is nothing to be said of him from our point of view except that he transcends it. If he is not a transcendental being, then he no more deserves our respect than any other work of nature. Under the first interpretation we can respect him only because we respect the moral law that points towards his existence. On the second interpretation, we could respect him only as a subject of the moral law that governs his activity.

Kant's demythologized religion was not uncommon among his

contemporaries. He differed, however, in appropriating the images of traditional religion for the veneration of morality. The worship due to God becomes reverence and devotion for the moral law. The faith that transcends belief becomes the certainty of practical reason that surpasses understanding. The object of esteem is not the Supreme Being, but the supreme attribute of rationality. The moral world is described as the 'realm of grace' (A. 815, B. 844), the actual community of rational beings as the 'mystical body' in the world of nature (A. 808, B. 836), and the Kingdom of God to which mortals aspire is transmuted into the Kingdom of Ends that they make real through their self-legislation. It is not surprising to learn from one of Jachmann's letters that 'many evangelists went forth [from Kant's lectures on theology] and preached the gospel of the Kingdom of Reason'.

Nevertheless, Kant accepted the traditional claims of theology, and even tried to resuscitate them under the obscure doctrine of the 'postulates of practical reason'. Moreover, he felt that one of the traditional arguments for God's existence, the argument from design, contains a vital clue to the nature of creation. It is in the third *Critique*, at the end of an account of aesthetic experience, that Kant attempts to reveal his meaning.



## The third *Critique*

The *Critique of Judgement* is a disorganized and repetitious work, which gains little from Kant's struggle to impose on its somewhat diffuse subject matter the structure of the transcendental philosophy. A contemporary who attended Kant's lectures on aesthetics recorded that 'the principal thoughts of his *Critique of Judgement* [were] given as easily, clearly, and entertainingly as can be imagined'. Kant was 71 when he came to write the work, however, and there seems little doubt that his mastery of argument and of the written word was beginning to desert him. Nevertheless, the third *Critique* is one of the most important works of aesthetics to have been composed in modern times; indeed, it

14. Insight granted through natural beauty: Chalk cliffs on Rugen by Casper David Friedrich, a painting inspired by Kant.

could fairly be said that, were it not for this work, aesthetics would not exist in its modern form. Kant's most feeble arguments were here used to present some of his most original conclusions.

Kant felt the need to explore in the *Critique of Judgement* certain questions left over from the first two *Critiques*. Moreover, he wished to provide for aesthetics its own 'faculty', corresponding to understanding and practical reason. The faculty of judgement 'mediates' between the other two. It enables us to see the empirical world as conforming to the ends of practical reason, and practical reason as adapted to our knowledge of the empirical world. Kant believed that 'judgement' has both a subjective and an objective aspect, and divided his *Critique* accordingly. The first part, concerned with the subjective experience of 'purposiveness' or 'finality', is devoted to aesthetic judgement. The second, concerned with the objective 'finality' of nature, is devoted to the natural manifestation of design. I shall concentrate on the first, which ties up the loose ends of the critical system.



The eighteenth century saw the birth of modern aesthetics. Shaftesbury and his followers made penetrating observations on the experience of beauty; Burke presented his famous distinction between the beautiful and the sublime; Batteux in France and Lessing and Winckelmann in Germany attempted to provide universal principles for the classification and judgement of works of art. The Leibnizians also made their contribution, and the modern use of the term 'aesthetic' is due to Kant's mentor A. G. Baumgarten. Nevertheless, no philosopher since Plato had given to aesthetic experience the central role in philosophy that Kant was to give to it. Nor had Kant's predecessors perceived, as he perceived, that both metaphysics and ethics must remain incomplete without a theory of the aesthetic. Only a rational being can experience beauty; and, without the experience of beauty, the exercise of reason is incomplete. It is only in the aesthetic experience of nature, Kant suggests, that we grasp the relation of our faculties to the world, and so understand both our own limitations, and the possibility of transcending them. Aesthetic experience intimates to us that our point of view is, after all, only *our* point of view, and that we are no more creators of nature than we are creators of the point of view from which we observe and act on it. Momentarily we stand outside that point of view, not so as to have knowledge of a transcendent world, but so as to perceive the harmony that exists between our faculties and the objects in relation to which they are employed. At the same time we sense the divine order that makes this harmony possible.

## The problem of beauty

Kant's aesthetics is based on a fundamental problem, which he expresses in many different forms, eventually giving to it the structure of an 'antinomy'. According to the 'antinomy of taste', aesthetic judgement seems to be in conflict with itself: it cannot be at the same time aesthetic (an expression of subjective experience) and also a judgement (claiming universal assent). And yet all rational beings, simply in virtue of their rationality, seem disposed to make these judgements. On the one hand, they feel pleasure in an object, and this pleasure is immediate, not based in any conceptualization of the object, or in any enquiry into cause, purpose, or constitution. On the other hand, they express their pleasure in the form of a judgement, speaking 'as if beauty were a quality [*Beschaffenheit*] of the object' (*J.* 211), thus representing their pleasure as objectively valid. But how can this be so? The pleasure is immediate, based in no reasoning or analysis; so what permits this demand for universal agreement?

However we approach the idea of beauty, we find this paradox emerging. Our attitudes, feelings, and judgements are called aesthetic precisely because of their direct relation to experience. Hence no one can judge the beauty of an object that he has never heard or seen. Scientific judgements, like practical principles, can be received 'at second hand'. I can take you as my authority for the truths of physics, or for the utility of trains. But I cannot take you as my authority for the merits of Leonardo, or for the beauties of Mozart, if I have seen no work by the one or heard none by the other. It would seem to follow from this that there can be no rules or principles of aesthetic judgement. 'A principle of taste would mean a fundamental premise under the condition of which one might subsume the concept of an object, and then, by a syllogism, draw the inference that it is beautiful. That, however, is absolutely impossible. For I must feel the pleasure immediately in the perception of the object, and I cannot be talked into it by any grounds of proof' (*J*. 285). It seems that it is always experience, and never conceptual thought, that gives the right to aesthetic judgement, so that anything that alters the experience of an object alters its aesthetic significance (which is why poetry cannot be translated). As Kant puts it, aesthetic judgement is 'free from concepts', and beauty itself is not a concept. Hence we arrive at the first proposition of the antinomy of taste: 'The judgement of taste is not based on concepts; for, if it were, it would be open to dispute (decision by means of proofs)' (*J*. 338).



However, such a conclusion seems to be inconsistent with the fact that aesthetic judgement is a form of *judgement*. When I describe something as beautiful, I do not mean merely that it pleases *me*: I am speaking about *it*, not about myself, and, if challenged, I try to find reasons for my view. I do not *explain* my feeling, but give *grounds* for it, by pointing to features of its object. And any search for reasons has the universal character of rationality. I am in effect saying that others, in so far as they are rational, ought to feel just the same delight as I feel. This points to the second proposition of Kant's antinomy: 'the judgement of taste is based on concepts; for otherwise . . . there could be no room even for contention in the matter, or for the claim to the necessary agreement of others' (*J*. 338–9).

## The synthetic a priori grounds of taste

Kant says that the judgement of beauty is grounded not in concepts but in a feeling of pleasure; at the same time this pleasure is postulated as universally valid, and even 'necessary'. The aesthetic judgement contains an 'ought': others ought to feel as I do, and, to the extent that they do not, either they or I am wrong. It is this that leads us to seek reasons for our judgements. The terms 'universality' and 'necessity' refer us to the defining properties of the a priori. It is clear that the postulate that others ought to feel as I do is not derived from experience: it is, on the contrary, a presupposition of aesthetic pleasure. Nor is it analytic. Hence its status must be synthetic a priori.

The argument is very slippery. The 'necessity' of the judgement of taste has little to do with the necessity of the a priori laws of the understanding, nor does its universality issue in a definite principle. Kant sometimes recognizes this, and speaks of aesthetic *pleasure* rather than aesthetic judgement as universally valid, and so a priori (*J*. 289). Nevertheless, he was convinced that aesthetics raises precisely the same problem as all philosophy. 'The problem of the critique of judgement . . . is part of the general problem of transcendental philosophy: How are synthetic a priori judgements possible?' (*J*. 289).

Kant offers a 'transcendental deduction' in answer. It is only fifteen lines long, and wholly inadequate. He lamely says: 'what makes this deduction so easy is that it is spared the necessity of having to justify the objective reality [= application] of a concept' (*J*. 290). In fact, however, he argues independently for an a priori component in the judgement of taste, and for the legitimacy of its 'universal' postulate.

## Objectivity and contemplation

Kant's concern is, as always, with objectivity. Aesthetic judgements claim validity. In what way can this claim be upheld? While the objectivity of theoretical judgements required a proof that the world is as the understanding represents it to be, no such proof was necessary for practical reason. It was enough to show that reason constrained each agent towards a set of basic principles. In aesthetic judgement the requirement is weaker still. We are not asked to establish principles that will compel the agreement of every rational being. It is sufficient to show how the thought of universal validity is possible. In aesthetic judgement we are only 'suitors for agreement' (*J*. 237). It is not that there are valid rules of taste, but rather that we must *think* of our pleasure as made valid by its object. People may doubt that aesthetic judgement contains even a *claim* to objectivity. But that is usually because they fail to consider the aesthetic judgements that really matter to them. When a beloved landscape is vandalized or a beautiful old town laid waste, people feel affronted, wounded, and indignant. They agitate for laws that will prevent such things, form committees to protect what they love, and campaign with all their energies to deter the spoilers. If this does not suggest a claim to objective validity, it is hard to know what does.



Kant distinguishes sensory from contemplative pleasures. The pleasure in the beautiful, although it is 'immediate' (arising from no conceptual thought), nevertheless involves a reflective contemplation of its object. The pure judgement of taste 'combines delight or aversion immediately with the bare contemplation of the object . . .' (*J*. 242). Aesthetic pleasure must therefore be distinguished from the purely sensuous pleasures of food and drink. It can be obtained only through those senses that also permit contemplation (which is to say, through sight and hearing).

This act of contemplation involves attending to the object not as an instance of a universal (or concept), but as the particular thing that it is. The individual object is isolated in aesthetic judgement and considered 'for its own sake'. But contemplation does not rest with this act of isolation. It embarks on a process of abstraction that exactly parallels the process whereby practical reason arrives at the categorical imperative. Aesthetic judgement abstracts from every 'interest' of the observer, who does not regard the object as a means to his ends, but as an end in itself (although not a moral end). The observer's desires, aims, and ambitions are held in abeyance in the act of contemplation, and the object regarded 'apart from any interest' (*J*. 211). This act of abstraction is conducted while focusing on the individual object in a 'singular [*einzelne*] judgement' (*J*. 215). Hence, unlike the abstraction that generates the categorical imperative, it leads to no universal rule. Nevertheless, it underlies the 'universality' of the subsequent judgement. It is this that enables me to 'play the part of judge in matters of taste' (*J*. 205). Having abstracted from all my interests and desires, I have, in effect, removed from my judgement all reference to the 'empirical conditions' that distinguish me, and referred my experience to reason alone, just as I refer the ends of action when acting morally. 'Since the delight is not based on any inclination of the subject (or on any other deliberate interest) . . . he can find as reason for his delight, no personal conditions to which his own subjective self might alone be party' (*J*. 212). In which case, it seems, the subject of aesthetic judgement must feel compelled, and also entitled, to legislate his pleasure for all rational beings.



Disinterest is the sign of an 'interest of reason', and occurs whenever rational agents set aside their own desires and strive to look on the world as God might look on it, with a view to judgement. This we do when deciding what is right, when presiding in a court of law, when assessing a proof, and – strange though it may seem – when contemplating the world of appearances. Disinterested contemplation is a recognition that the object matters – matters so much that our interests have no bearing on our judgement. If you find this thought both strange and persuasive, then you will also recognize the genius of Kant, in making it the central premiss of his aesthetics.

## Imagination and freedom

What aspect of rationality is involved in aesthetic contemplation? In the 'subjective deduction' of the first *Critique* (see above, p. 39), Kant had argued for the central role of imagination in the 'synthesis' of concept and intuition. Imagination transforms intuition into datum; we exercise imagination whenever we attribute to our experience a 'content' that represents the world. When I see the man outside my window, the concept 'man' is present in my perception. This work of impregnating experience with concepts is the work of imagination.

Kant thought that imagination could also be 'freed from' concepts (that is, from the rules of the understanding). It is this 'free play' of the imagination that characterizes aesthetic judgement. In the free play of imagination, concepts are either wholly indeterminate, or if determinate not applied. An example of the first is the imaginative 'synthesis' involved in seeing a set of marks as a pattern. Here there is no determinate concept. There is nothing to a pattern except an experienced order, and no concept applied in the experience apart from that indeterminate idea. An example of the second is the 'synthesis' involved in seeing a face in a picture. Here the concept 'face' enters the imaginative synthesis, but it is not applied to the object. I do not judge that this, before me, is a face, but only that I have imaginative permission, as it were, so to see it. The second kind of 'free play' is at the root of our understanding of artistic representation. Kant was more interested in the first kind, and this led him to a formalistic conception of the beautiful in art.

The free play of the imagination enables me to bring concepts to bear on an experience that is, in itself, 'free from concepts'. Hence, even though there are no rules of taste, I can still give grounds for my aesthetic judgement. I can give reasons for my pleasure, while focusing on the 'singularity' that is its cause.

## Harmony and common sense

Kant valued art less than nature, and music least among the arts, 'since it plays merely with sensations' (*J.* 329). Nevertheless the example of music provides a good illustration of Kant's theory. When I hear music, I hear a certain organization. Something begins, develops, and maintains a unity among its parts. This unity is not indeed *there* in the notes before me. It is a product of my perception. I hear it only because my imagination, in its 'free play', brings my perception under the indeterminate idea of unity. Only beings with imagination (a faculty of reason) can hear musical unity, since only they can carry out this indeterminate synthesis. So the unity is a perception of mine. But this perception is not arbitrary, since it is compelled by my rational nature. I perceive the organization in my experience as objective. The experience of unity brings pleasure, and this too belongs to the exercise of reason. I suppose the pleasure, like the melody, to be the property of all who are constituted like me. So I represent my pleasure in the music as due to the workings of a 'common sense' (*J.* 295), which is to say, a disposition that is at once based in experience, and common to all rational beings.



But how is it that the experience of unity is mixed with pleasure? When I hear the formal unity of music, the ground of my experience consists in a kind of compatibility between what I hear and the faculty of imagination through which it is organized. Although the unity has its origin in me, it is attributed to an independent object. In experiencing the unity I also sense a harmony between my rational faculties and the object (the sounds) to which they are applied. This sense of harmony between myself and the world is both the origin of my pleasure and also the ground of its universality.

> one who feels pleasure in simple reflection on the form of an object, without having any concept in mind, rightly lays claim to the agreement of everyone, although this judgement is empirical and a singular judgement. For the ground of this pleasure is found in the universal,

though subjective, condition of reflective judgements, namely the final harmony of an object . . . with the mutual relation of the faculties of cognition (imagination and understanding), which are requisite for every empirical cognition. (*J*. 191)

## Form and purposiveness

It seems, then, that our pleasure in beauty has its origin in a capacity, due to the free play of imagination, first to experience the harmonious working of our own rational faculties, and secondly to project that harmony outwards on to the empirical world. We see in objects the formal unity that we discover in ourselves. This is the origin of our pleasure, and the basis of our 'common sense' of beauty. And it is 'only under the presupposition . . . of such a common sense that we are able to lay down a judgement of taste' (*J*. 238).



Kant distinguishes 'free' from 'dependent' beauty, the first being perceived wholly without the aid of conceptual thought, the second requiring prior conceptualization of the object. When I perceive a representational picture, or a building, I can have no impression of beauty until I have first brought the object under concepts, referring in one case to the content expressed, in the other to the function performed (*J*. 230). The judgement of such 'dependent' beauty is less pure than the judgement of 'free' beauty, and would become pure only for the person who had no conception of the meaning or function of what he saw (*J*. 231). The purest examples of beauty are therefore 'free'. Only in the contemplation of such examples are our faculties able to relax entirely from the burdens of common scientific and practical thought, and enter into the free play that is the ground of aesthetic pleasure. Examples of this free beauty abound in nature, but not in art.

The unity that we perceive in the free beauties of nature comes to us purified of all interests: it is a unity that makes reference to no definite purpose. But it reflects back to us an order that has its origin in ourselves, as purposive beings. Hence it bears the indeterminate marks of purpose. As Kant put it, aesthetic unity displays 'purposiveness without purpose'. Aesthetic experience, which leads us to see each object as an end in itself, also leads us to a sense of the purposiveness of nature.

The perception of 'purposiveness', like the regulative ideas of reason (see above, p. 69), is not a perception of what is, but a perception 'as if'. However, it is an inescapable 'as if': we *must* see the world in this way if we are to find our proper place in it, both as knowing and as acting creatures. Aesthetic judgement, which delivers to us the pure experience of design in nature, frees us both for theoretical insight and for the endeavours of the moral life. It also permits the transition from the theoretical to the practical: finding design in nature, we recognize that our own ends might be realized there (*J.* 196). Moreover, and again like the ideas of reason, the concept of purposiveness is 'supersensible': it is the idea of a transcendental design, the purpose of which we cannot know.



Aesthetic experience is the vehicle of many such 'aesthetic ideas'. These are ideas of reason that transcend the limits of possible experience, while trying to represent, in 'sensible' form, the inexpressible character of the world beyond (*J.* 313–14). There is no true beauty without aesthetic ideas; they are presented to us both by art and by nature. The aesthetic idea imprints on our senses an intimation of a transcendental realm. The poet, even if he deals with empirical phenomena, 'tries by means of the imagination . . . to go beyond the limits of experience and to present [these things] to sense with a completeness of which there is no example in nature' (*J.* 314). This is how Kant explains the effect of aesthetic condensation. For example, when Milton expresses the vengeful feelings of Satan, his smouldering words transport us. We feel that we are listening not to this or that, as one might say, 'contingent' emotion, but to the very essence of revenge. We seem to transcend the limitations contained in every natural example and to be made aware of something indescribable that they palely reflect. When Wagner expresses through the music of *Tristan* the unassuageable longing of erotic love, it is again as though we had risen above our own circumscribed passions and glimpsed a completion to which they aspire. No concept can allow us to rise so far: yet the aesthetic *experience*, which involves a perpetual striving to pass beyond the limits of our point of view, seems to 'embody' what cannot be thought.

## Teleology and the divine

Kant attempts, then, to move from his philosophy of beauty to an account of our relation to the world that will be free of that limitation to our own perspective that he had argued, in the first *Critique*, to be a necessary condition of self-consciousness. In aesthetic experience we view ourselves in relation to a supersensible (that is, transcendental) reality that lies beyond the reach of thought. We become aware of our own limitations, of the grandeur of the world, and of the inexpressible good order that permits us to know and act on it. Kant has recourse to Burke's distinction between the beautiful and the sublime. Sometimes, when we sense the harmony between nature and our faculties, we are impressed by the purposiveness and intelligibility of everything that surrounds us. This is the sentiment of beauty. At other times, overcome by the infinite greatness of the world, we renounce the attempt to understand and control it. This is the sentiment of the sublime. In confronting the sublime, the mind is 'incited to abandon sensibility' (*J*. 246).

Kant's remarks about the sublime are obscure, but they reinforce the interpretation of his aesthetics as a kind of 'premonition' of theology. He defines the sublime as 'that, the mere capacity of thinking which, evidences a faculty of mind transcending every standard of taste' (*J*. 250). It is the judgement of the sublime that most engages our moral nature. It thereby points to yet another justification of the 'universality' of taste, by showing that, in demanding agreement, we are asking for complicity in a moral sentiment (*J.* 265). In judging of the sublime, we demand a universal recognition of the immanence of a supersensible realm. A person who can feel neither the solemnity nor the awesomeness of nature lacks in our eyes the necessary sense of his own limitations. He has not taken that 'transcendental' viewpoint on himself from which all true morality springs.

It is from the presentiment of the sublime that Kant seems to extract his faith in a Supreme Being. The second part of the *Critique of Judgement* is devoted to 'teleology': the understanding of the ends of things. Here Kant expresses, in a manner that has proved unsatisfactory to many commentators, his ultimate sympathy for the standpoint of theology. Our sentiments of the sublime and of the beautiful combine to present an inescapable picture of nature as created. In beauty we discover the purposiveness of nature; in the sublime we have intimations of its transcendent origins. In neither case can we translate our sentiments into a reasoned argument: all we know is that we know nothing of the transcendental. But that is not all we *feel*. The argument from design is not a theoretical proof, but a moral intimation, made vivid to us by our sentiments towards nature, and realized in our rational acts. It is realized, in the sense that the true end of creation is intimated through our moral actions: but this intimation is of an ideal, not of an actual, world. So we prove the divine teleology in all our moral actions, without being able to show that this teleology is true of the world in which we act. The final end of nature is known to us, not theoretically, but practically. It lies in reverence for the pure practical reason that 'legislates for itself alone'. When we relate this reverence to our experience of the sublime, we have a sense, however fleeting, of the transcendental (*T.* 446).

Thus it is that aesthetic judgement directs us towards the apprehension of a transcendent world, while practical reason gives content to that apprehension, and affirms that this intimation of a perspectiveless vision of things is indeed an intimation of God. This is what Kant tries to convey both in the doctrine of the aesthetic ideas and in that of the sublime. In each case we are confronted with an 'employment of the imagination in the interests of mind's supersensible province' and a compulsion to 'think nature itself in its totality as a presentation of something supersensible, without our being able to put this presentation forward as objective' (*J*. 268). The supersensible is the transcendental. It cannot be thought through concepts, and the attempt to think it through 'ideas' is fraught with self-contradiction. Yet the ideas of reason – God, freedom, immortality – are resurgent in our consciousness, now under the guise of imperatives of action, now transformed by imagination into sensuous and aesthetic form. We cannot rid ourselves of these ideas. To do so would be to say that our point of view on the world is all that the world consists in, and so to make ourselves into gods. Practical reason and aesthetic experience humble us. They remind us that the world in its totality, conceived from no finite perspective, is not ours to know. This humility of reason is also the true object of esteem. Only this is to be reverenced in the rational being, that he feels and acts as a member of a transcendental realm, while recognizing that he can know only the world of nature. Aesthetic experience and practical reason are two aspects of the moral: and it is through morality that we sense both the transcendence and the immanence of God.

# Chapter 7
# Enlightenment and law

The critical philosophy examines the structure of thought, and tells us what can and cannot be proved by it. It stands in judgement over all philosophies, and its theorems are not ordinary proofs, but proofs about the provable. In short, it is a metaphilosophy, a philosophy about philosophy. It foreshadows the metalogic and metamathematics that, in the hands of Tarski and Gödel, have altered our conception of mathematical reasoning, and undermined some of the criticisms made of Kant's view of mathematics, as a body of synthetic a priori truth.

This does not mean that Kant's philosophy was without results, or unable to challenge prevailing orthodoxy. On the contrary, in the practical sphere, Kant believed, the critical method made direct contact with moral judgement, and delivered conclusions that must be accepted, even if people should have an interest in denying them. Morality is the core of practical reasoning; but it is not the whole of it, and in his last years Kant turned his attention to politics, hoping by the use of the critical method to settle some of the vexing questions of legitimacy and right.

Of ever-increasing importance to Kant's contemporaries, and also to Kant himself, was the vision of human society and institutions that had been put forward by Rousseau, and that made the self-legislation of the free individual into the foundation of legitimate political order. This vision encouraged an increasing scepticism towards authority; it gave precedence to the individual conscience over the dictates of church and state; and it fed the belief in progress, as the natural condition of humanity when freed from superstitious obedience. Kant's moral philosophy, which derived a complete system of duty from the idea of self-legislation, gave the ultimate philosophical endorsement to the new vision of politics, and the Enlightenment (*Aufklärung*), as it was to be known, is indelibly associated with Kant, as its most explicit and articulate exponent. Indeed, it was Kant who first ventured to define Enlightenment, as 'the liberation of man from his self-imposed minority', adding that this minority lies 'not in lack of understanding, but in a lack of determination and courage to use it without the assistance of another' (*What is Enlightenment?*, R. 54).



Kant's republican sympathies were well known in his day, though he was an articulate opponent of revolution, seeing it as a return to the state of nature – a return that could never be rationally justified, since it rendered the rule of reason impossible. The violence of the French Revolution confirmed Kant's suspicion of the revolutionary project; but it did not diminish his admiration for Rousseau, or his commitment to the Enlightenment vision that he shared with so many of the revolutionaries.

## The unwritten critique

Kant's writings on politics belong to the last decade of his active life. The most important of them is generally known in English as the *Metaphysical Elements of Justice*, which forms the first part of *The Metaphysics of Morals*, published in 1797, with a second edition in 1798. The texts of both editions contain lapses and obscurities that have suggested to many commentators that Kant's powers were already failing, and that the grounds of his political philosophy had not been properly worked out. Recent scholarship, however, has tended to the view that lecture notes and other extraneous material might have been included in the text, Kant being increasingly dependent on an amanuensis when transcribing his drafts. Whatever the truth about the composition of *The Metaphysics of Morals*, one thing is certain, which is that it contains no 'Critique of Political Reasoning', nor anything that might be regarded as a derivation from a priori principles of the idea of legitimate political order. Equally certain, to my mind, is that there is contained in Kant's later writings the seeds of a critical philosophy of politics, and that this unwritten fourth critique is as worthy of study as the other three.

## Universalism

Kant was the prophet of 'Enlightenment universalism'. He believed in a single, universal human nature, to which appeal should be made when examining the legitimacy and authority of our local arrangements. Since practical reason is valid for all people everywhere, there can be no special pleading on behalf of authorities whose sole claim to obedience is that history has placed them where they are. On the other hand, it is never possible in human affairs to wipe away the legacy of history – not without risking a return to the state of nature and the war of all against all. Hence, Kant thought, the appeal to universal humanity must take the form of a regulative, rather than a constitutive, idea. We should not seek to establish a single set of laws for all mankind; rather, we should judge each jurisdiction in terms of certain a priori constraints, conformity to which would be the sign of its legitimacy.



Furthermore, since the source of all authority in human affairs is reason, and since reason is common to us all, we must recognize that the benefits and burdens of political order lie equally on everyone. On this basis, slavery is clearly ruled out; so too are arbitrary distinctions whose sole purpose is to give one person power over another, or one class of persons privileges that confer no benefits on those who do not possess them. Hence, in his political writings, Kant writes as though distinctions of race and class are of no intrinsic political significance, and as though citizenship is and ought to be the aspiration of all mankind.

Indeed, Kant goes further than most of his contemporaries in mounting, in *Perpetual Peace* (1795), the first systematic argument for a universal form of government – one that will transgress national boundaries and erase the arbitrary divisions among people that, in Kant's view, are the true cause of hostilities between them. It is to Kant that the idea of a 'league' or 'federation of nations' is due; and Kant's theory has been embodied in our modern structures of trans-national legislation.

## The social contract

As we should expect, given the legalistic form of his ethical theory, Kant's political thought is jurisprudential. For Kant a political order is, first and foremost, a system of laws. At the same time he followed Hobbes, Locke, and Rousseau in proposing the social contract as the ultimate test of political legitimacy. Only if a political order can command the consent of those who are subject to it can it claim objective authority. The social contract is therefore 'a contract on which alone a civil and thus completely lawful constitution can be based and a community established' (*Common Saying*, R. 79). However, there is a crucial difference between Kant and his predecessors. The social contract is not, for Kant, a constitutive but a regulative principle. We should not suppose that there is an actual contract, whether explicit or implied, at the heart of legitimate social order. Societies arise in another way, and are always burdened by a historical legacy that cannot be undone without injustice or violence. We should consider the social contract, therefore, only as a limiting idea of reason – as a test that any actual legal order must pass, if it is to be legitimate. The social contract therefore takes the following form: 'if a law is so framed that a whole people *could not possibly* give it their consent . . . . the law is unjust; but if it is *at all possible* that a people might agree on it, then the people's duty is to look on the law as just, even assuming that their present way of thinking were such that, if consulted, they would probably refuse to agree' (*Common Saying*, R. 79).

The definition is critically ambiguous, shifting loosely between 'a whole people', 'a people', and 'the people'. The most favourable construction, it seems to me, is this: each citizen has an absolute veto over every law, but he can exercise this veto only if he *could* not agree to the law. The fact that he *does* not agree is insufficient grounds for dissent. This is because what we *in fact* agree to depends upon our desires, circumstances and 'empirical conditions'. We must discount all such conditions, if we are to address our question to reason alone. (Note the parallel with the categorical imperative.) In speaking of a social contract, therefore, we are referring not to an actual agreement between empirical selves, but to a hypothetical agreement between purely noumenal beings. Each of us, considered from the point of view of pure practical reason, is such a noumenal being.



The idea of such a hypothetical social contract, arrived at by a process of abstraction, has been revived in recent times by John Rawls, who uses it as a test for the just distribution of goods in a society. Kant was not interested in distributions, however, but only in laws, and, although he regarded all citizens as equal in their citizenship, and therefore in their rights and responsibilities, modern ideas of 'social justice' were remote from his concerns. Although Kant believed in equality under the law, and equal rights of citizenship, he believed this to be compatible with the greatest inequality in possessions (*Common Saying*, R. 75).

## Natural law

The system of law prevailing in Prussia was derived directly from Roman law, which Kant held in great esteem, not least because it was an attempt at a universal code, giving weight not only to local traditions and historical institutions, but also to philosophical principles applicable to all mankind. In particular, the Roman law distinguished the civil law, which was the province of earthly rulers, from natural law, which owed its authority to human nature and which stood higher than any local system of command. Thus the civil law could uphold slavery and define the rights and duties of a slave, but the natural law, which was derived from reason alone, could recognize no such relation.

Medieval jurists and philosophers had devoted much attention to the concept of natural law, believing it to be an attempt to transcribe in legal form the revealed will of God. Kant saw it in another way, as a vindication of the critical philosophy. The natural law, for him, was nothing less than a judicial translation of the categorical imperative. In the Roman law, therefore, Kant saw the proof that legal reasoning led of its own accord to the synthetic a priori principles of practical reason for which he had found the transcendental proof (*M.* 236–7).

## Persons and things

Kant's moral philosophy had also given cogency to another concept taken from Roman law: the concept of the person. Originally *persona* meant a mask, and it described the character worn by the actor on the stage. The Roman law borrowed the term to denote the litigant in a court of law, whose rights and duties were defined by the law and who was in a certain sense the creation of the law before which he appeared. The legal person is the bearer of legal privileges (rights, freedoms, etc.) and legal burdens (duties, penalties, etc.). As Kant rightly saw, this concept is ultimately not legal but metaphysical, and assumes a distinction in reality between free *subjects* and empirical *objects*. Rights and duties cannot attach to objects, which are bound by empirical conditions and laws. They can attach only to subjects who are free, in just the sense defined in Kant's moral philosophy. Law, by which human societies are governed, is addressed to the noumenal self.

Three features of persons stand out in the context of political thinking: their accountability, their power of self-legislation, and their nature as ends in themselves. Because they are accountable for their actions, persons stand in a special relation to one another, and this relation is the basis of political order. Changes in the world can be *imputed* to people, whenever these changes arise through action or neglect (*M.* 239). Through law, imputation becomes a universal relation, binding each person to society, and making each person answerable for his acts and omissions.

Because persons are self-legislating members of the kingdom of ends, they are subject to two kinds of constraint – internal and external. Internal legislation is demanded by the categorical imperative, and no just law can conflict with it. But there is also external legislation, in which some action that is neither demanded nor forbidden by the moral law is nevertheless commanded or forbidden by the state. The social contract (as defined above) is the test of the legitimacy of this external legislation, and it goes without saying that such legislation could never be accepted, if it set out to override the internal dictates of duty.



Furthermore, law must respect the nature of persons, as ends in themselves. Slavery, fraud, and tyrannical oppression all conflict with the categorical imperative, and it is a core requirement of political order that people should be able to relate to each other and to the state as ends, and not as means only.

## Human rights

Law, for Kant, has the same metaphysical basis as morality, and is therefore grounded a priori in the idea of transcendental freedom. He identifies a single universal principle of justice, which he states in the following obscure words: 'Every action is just [*recht*] if it or its maxim allows each person's freedom of choice to coexist together with the freedom of everyone in accordance with a universal law' (*M.* 230). It is a well-known problem for translators that the noun *Recht* means both 'right' and 'law', and the adjective *recht* both 'just' and 'right'. The adjective occurs here in the context of a theory of justice, the principal purpose of which is to connect the ideas of justice and freedom: hence my translation. To put Kant's universal principle more perspicuously: an action is just if it respects the freedom of others, and does so not accidentally but on principle. Every free action must accommodate the freedom of others. For Kant this was simply another way of stating the basic requirement of justice, that all persons are to be treated as ends in themselves, and never as means only.

This universal principle is not incompatible with coercion, but coercion should always have, as its ultimate goal, the establishment of an order in which justice – and therefore mutual freedom – prevails. This was Kant's judicious way of amending Rousseau's notorious maxim, that, in a state founded on the social contract, the dissenter must be 'forced to be free'.



It follows from Kant's view of justice that there is only one innate or 'natural' right, which is that of freedom itself: 'Freedom (independence from the constraint of another person's will), in so far as it is compatible with the freedom of everyone else in accordance with a universal law, is the one sole and original right belonging to every person by virtue of his humanity' (*M.* 237). The qualification here is important: I do not have a natural right to do as I please; rather I have a right to exercise such freedom as does not limit the freedom of others. This principle is the basis of 'classical liberalism', and is still an unwritten law of many Western constitutions.

It is a small step from those a priori principles to the idea of human rights, as the one universal constraint on government. In describing rights as 'human', rather than 'civil', we invoke the natural law, and with it the universal principles that set limits to legislation in every place and time. Moreover, Kant's powerful idea of the person as an end in himself suggests the basic form of these universal rights: they are vetoes in the hands of the one who possesses them. There are certain things that you must not do to me without my consent and this fact gives me a kind of sovereignty over my life that you cannot legitimately invade or diminish. This individual sovereignty translates into law as a system of rights: the right to life, limb, and property; the right to proceed peacefully about my own purposes; the right to engage in lawful relations with others, and so on.

While Kant can be seen, in this way, as the greatest precursor of the modern doctrine of human rights, he was not so feeble-minded as to suppose (as many people now suppose) that there can be rights without duties. Indeed, for Kant the concept of right is secondary to that of duty. What gives reality to my rights is your duty to respect them; and it is the motive of duty that is being obliquely invoked in all reference to the rights of the citizen (*M.* 239). And I can claim rights only if I am prepared to pay the price, which is the acceptance of the very same duties that I impose upon you through my claim. In particular, I have a duty to uphold the universal principle of justice, and this means that I must accept and endorse the system of punishment without which there would be no law and no lasting community (*M.* 331–2).



## The republican ideal

Kant regarded legitimate political order as a legal system, founded in the respect for persons, and organized according to republican principles. Kant was influenced by French Enlightenment thinkers, notably by Montesquieu, into thinking of a republic as a distinct form of government, conferring a distinct status on its members. While you can be the *subject* of an absolute ruler, you can be the *citizen* only of a republic: the concepts of citizen and republic are mutually dependent parts of a single complex idea. In a republic the people themselves are the authors of the laws that govern them, and these laws express the 'general united Will' (as Kant, echoing Rousseau, describes it) by which the consent of the governed is secured (*M.* 313–14).

A republic exists only if there is representative government, in which the people as a whole are represented in the legislature. The process of representation translates the inherent sovereignty of the people into an actual sovereign power, which Kant sees on the model of a legal person: a forum of collective decision making, in which the interests of the people as a whole are advanced through law, but which is itself answerable to the law that it lays down (*M.* 341). Quite how representative government is achieved is one of the obscurities (some would say culpable obscurities) in Kant's political philosophy. At one point Kant argues that 'only fitness for voting qualifies someone to be a citizen' (*M.* 314). While this suggests that Kant was an advocate of democracy, he at once qualifies his remark by following the French revolutionary Abbé Sieyès in distinguishing the active from the passive citizen – the latter class enjoying no right to vote, and including all who are not fully independent. Among passive citizens he includes servants, minors, apprentices, and all women, adding that 'all such people lack civil personality', a fact that is, however, 'by no means opposed to the freedom and equality that such persons have as *human beings* who together make up a people' (*M.* 315). Elsewhere he criticizes democracy as a form of despotism (*PP*, R. 101), and insists that the idea of republican government has no intrinsic connection with democratic choice. Without going into the matter in depth, the least that can be said is that Kant's conception of citizenship is a long way from the views of modern democrats, however much it may have set him at odds with the forms of government that then prevailed in Central Europe.



## The separation of powers

This defective account of representation is to some extent mitigated by Kant's subtle defence of the separation of powers – an idea introduced into political philosophy by Locke and further developed by Montesquieu. Like Montesquieu, Kant distinguishes the legislative, judicial, and executive powers in a state, arguing that each must be considered as a 'moral person' (that is, an accountable agent, with

15. The guillotine, symbol of the French Revolution.

rights and duties of its own), while recognizing that they cannot exist in isolation, being both mutually dependent and mutually subordinate to one another (*M.* 316). The business of government consists in maintaining the equilibrium between these powers, and so enabling the 'general united will' of the people to find expression in the legislative assembly. Kant was clearly of the view that majority voting does not in itself produce legitimate law. What is required is a legislative *process*, in which the competing interests of the people can be brought into equilibrium and subjected to judicial review. Only then can the rights of each citizen be guaranteed, and the threat of tyranny avoided.

This partly explains Kant's hostility to democracy. In a pure democracy, he thought, government and governed are one and the same. In such circumstances, the arbitrary desires of majorities pass immediately into law, regardless of whether the rights and freedoms of everyone are thereby respected. Respect for freedom requires a brake upon the hasty exercise of power. Laws should therefore be made by one body, applied by another, and adjudicated by a third, and certainly not made and applied by the majority.



Kant's republic was not incompatible with constitutional monarchy, although in many places he expresses his hostility to inherited powers, and especially to the inherited privileges of the nobility. In the end he fails to declare an alternative to democracy, and leaves the reader uncertain as to how the legislative chamber of a republic is supposed to be filled, and what conditions must be met, if it is to be representative of the people as a whole. It seems as though Kant regarded the representative republic as an Ideal of Reason, which we may approximate but never achieve. He argues powerfully against all forms of abrupt transition, and for a general attitude of obedience towards any form of sovereignty that is not plainly in violation of the categorical imperative. The recent events of the Terror had set his heart against revolution in general and regicide in particular, and his attitude to democracy can best be summarized in the words that Ghandi used of

Western civilization, that 'it would be a good idea', with the proviso that, for Kant, an idea is always an 'idea of reason' – that is, a guide to practice, not a description of some possible reality.

## Private property

Among the rights that belong to the citizen by virtue of the universal principle of justice, Kant identified the right of property as all-important, attempting a kind of transcendental deduction of ownership, in answer to the question 'how is it possible for an object to be mine?' (*M.* 249). He distinguished *sensible* from *intelligible* possession, the first being an empirical relation, the second a relation of right (M. 245). All general propositions about rights, he argued, are a priori, since they are laws of reason: hence their reference to the intelligible or noumenal realm, of which, from the point of view of practical reason, I myself am a part.



Property rights are not merely grounded a priori: they involve a *synthetic* a priori imperative, like the imperatives of the moral law. To say that an object is mine is to add something positive to my sovereignty as a free being – something that is not merely contained in the concept of freedom. Philosophers had striven in vain to justify this addition, but had not seen that it could be justified only by some kind of transcendental argument, which would show the possibility of ownership to be among the preconditions of practical reason. Kant does not succeed in producing this argument: but he rightly suggests that the essence of the right of property is revealed in the violation suffered when that right is abused. This violation involves a refusal to recognize the existence of the other as an end in himself, and therefore contradicts the supposition that he is a free, rational agent.

Kant's argument was later taken up by Hegel, who represented private property as the instrument through which the autonomy and self-identity of the rational agent is realized in an objective world. Through

Hegel, Kant's conception of property became the focus of the leading political debate in nineteenth-century intellectual life: the debate between socialists and their opponents.

## Civil society

In the course of his writings on politics, Kant offers a description of the 'civil society' – meaning a society organized by law, under a sovereign legislative power (*M*. 256–7). In such a society, he argues, there must be property, contract, and the law that upholds them both. There must also be economic life and the means to facilitate contracts between strangers. Kant therefore offers a theory of money, and its representational nature, arguing that money is 'a thing the use of which is only possible through its being alienated' (*M*. 286) – a peculiar feature that indicates that the possession of money must stand proxy for possession of another kind, in effect, possession of power over other people's labour. Kant therefore offers a 'real definition' of money, as 'the universal means by which the labour of people can be exchanged' (*M*. 287). This definition foreshadows the nineteenth-century discussions of alienated labour, to which Kant's theory of the person gave additional force.

Kant was unusual among political philosophers in discussing the place of sex and sexual relations in civil society. He recognized that sexual morality presents a problem to the liberal world view. Why should the behaviour of 'consenting adults in private' be the concern of the state? Indeed, why should it be the concern of morality, if no harm ensues to the parties, and no harm is inflicted on anyone else? How can the philosopher of freedom avoid endorsing sexual freedom, both as a political necessity and as a moral ideal?

In facing up to this question Kant drew once again on his concept of the person as end in himself. He boldly (and rightly) affirmed that there are sexual acts in which the other is treated not as a person but as a thing, in which the subject is, so to speak, eclipsed by the object. This is what we mean, or ought to mean, by perversion, and it violates a fundamental duty to the other and to oneself (*M.* 278–9). The details of Kant's sexual morality (which coincide with the Christian-inspired view of marriage, as it was current in his day) may not appeal to all his modern readers. However, he made the first steps towards understanding what is at stake in sex, why someone can be jeopardized by another's desire, and why the personality is at risk in our sexual encounters. His ability to cast light on this difficult topic further confirmed his belief that he had identified, through his theory of the person, the metaphysical predicament in which we human beings stand.

## Perpetual peace



Kant defended the republican ideal – the ideal of free and equal citizenship, in which law is self-legislated by the people as a whole – on two grounds. First, he considered it to be an a priori consequence of the categorical imperative. Secondly, he held that republican government is the precondition of peace between nations. Wars result when individual self-interest overrides the requirements of justice, and when a despotic power sees advantage to itself in the violent imposition of its will. If the nations of the world are organized as republics, so that no decision is taken except with the consent of the citizens as a whole, then the a priori laws of practical reason would have a voice in political decisions. War would be ruled out, not only as an unjust means of prosecuting collective purposes, but as an act of folly that runs counter to the common interest. In other words, it would be seen to conflict both with the categorical imperative of morality, and with the hypothetical imperative of survival.

However, the condition of 'perpetual peace' could not be brought about at once or by fiat. For, even if organized as republics, the nations are in a state of nature *vis-à-vis* one another, and therefore each nation is a 'standing offence' to its neighbour (*PP*, R. 102). Positive steps must be taken to break down the barriers between the peoples of the world. Just as it is in the interests of individuals to abolish the state of nature and to enter into a civil society, so as to enjoy the freedom that is theirs by right, so it is in the interest of the nations to submit to a common rule of law, and to overcome the state of nascent belligerence that has afflicted the history of mankind. We should therefore be guided by the Idea of a 'world republic' (*PP*, R. 105) – a condition that is not in fact achievable but that could nevertheless regulate the dealings between individual states, and draw them insensibly into federation. Such a federation of republics, united by international law, would guarantee peace between nations. Each republic would have an interest in maintaining the law that protects it from aggression, and each would subscribe to a universal doctrine of rights that would ensure just dealings between them.



Like many of the intellectual constructions that inform his political thinking, Kant's 'world republic' is an Ideal of Reason. His theory of the ideal is expressly anti-utopian. The utopian is the one who thinks that the ideal can be realized, and who therefore sets out to destroy the obstacles that stand in its way. The Kantian believes that ideals cannot be realized, since we live in an imperfect world, impeded by empirical circumstances. Ideals must be construed as regulative principles, which guide us down the path of amelioration. Hence we must strive always to amend things, and never to tear them down.

In the course of exploring his ideal of world government, Kant makes trenchant criticisms of colonialism, and argues that it is only within a federal union of republics that politics and morality can be in agreement with each other. Until that union is achieved, the statesman is always dependent on cunning, lies, and subterfuge if he is to advance the national interest. Habits of secrecy, made necessary by the actual relations between states, violate the 'transcendental formula of public right', which is that an action is wrong if it is not compatible with being made public (*PP*, R. 126). We should work towards the condition of open government, in which the dealings between states are informed by the same integrity and honesty as the dealings between people, when these are guided by the categorical imperative. The respect for persons should be extended to the states that represent us; since they too are persons, whose rights and duties should be defined, as ours are, by a single moral law.

Kant's political vision has appealed to many subsequent philosophers and jurists, and has lost none of its relevance in the two centuries since his death. Subsequent wars and revolutions have made Kant's optimism unfashionable. But his appeal to natural law and human rights, and his attempt to derive a theory of justice from the premiss of transcendental freedom, are of abiding relevance. Had Kant foreseen the events that led (among countless other calamities) to the destruction of his beautiful birthplace and the wholesale murder of its inhabitants, he would perhaps have lost some of the faith in human nature that shines through even his most abstract arguments about justice. But that faith remains an inspiration to those who believe, as Kant believed, that Reason can guide us both through its immediate imperatives, and through its unrealizable Ideals.

# Chapter 8
# Transcendental philosophy

Kant was regarded by his immediate successors as having irreversibly changed the course of philosophy. But already in Kant's lifetime the intellectual world was torn by controversy over the meaning of his critical system. Was Kant really a Leibnizian after all, as Eberhard had accused him of being (*K.* 107)? Did he believe that the world of nature is nothing but a 'well-founded phenomenon', reality itself consisting in timeless, spaceless, noumenal substances whose attributes are derived from reason alone? Is the 'thing-in-itself' the underlying substance that sustains appearances? In a series of letters to the ageing Kant, his pupil Jakob Beck rehearsed this interpretation, and sought to demonstrate its untenability. But, if the transcendental philosophy is not a version of Leibnizian rationalism, why is it not, then, a repetition of the sceptical empiricism of Hume? Kant's philosophy is very much clearer in its negative than in its positive aspect, and in his day he had been called (by J. G. Hamann) 'the Prussian Hume'. In the long peroration that concludes the 'Antinomy' of the first *Critique*, Kant emphasizes this negative aspect, and writes with pride of the method that has enabled him to rise above all pre-existing argument in order to show that certain conclusions are not just undemonstrated, but indemonstrable.

Neither the Leibnizian nor the Humean interpretation is really tenable. It is true that Kant sometimes speaks of concepts as 'rules' for organizing our perceptions (e.g. A. 126), a conclusion that is reminiscent of Hume. It is also true that he is tempted by the 'transcendental hypothesis' of a realm of 'things as they are' (e.g. A. 780, B. 808), a conclusion that would align him with Leibniz. But these remarks are aberrations. Kant's true critical philosophy can be assimilated to neither of its antecedents, since it removes the grounds from both.

The first important school of thought to arise out of Kantian philosophy was the 'subjective idealism' of Fichte (1762–1814), Schelling (1775–1854), and Hegel (1770–1831). According to these philosophers, the critical philosophy, in arguing away the 'thing-in-itself', had shown that reality is to be conceived in mental terms. Knowledge of an object is construed as 'positing' (*setzen*), rather than 'receiving'. For Fichte, Kant's great achievement was to have shown that the mind has knowledge only through its own activity; in an important sense, therefore, the objects of knowledge are a *product* of that activity. Thus Fichte wrote to a friend: 'I suppose I am more strictly a transcendental idealist than Kant; for he still admits a manifold of appearance, but I assert in plain terms that even this is produced by us, by means of a creative power.' The mind is identified with the 'transcendental self', construed as the one noumenal object with which we are acquainted. But who, once again, are *we*? In Fichte's philosophy the transcendental self becomes a kind of universal spirit by which the separate empirical selves are constructed, along with the 'world of appearance' in which they expend their energies, the whole depending on an unknowable synthesis that generates nature from the inexhaustible reservoir of the 'thing-in-itself'.



Schopenhauer too (1788–1860) was influenced by this interpretation, believing that Kant had rightly identified the 'transcendental self' with the will (which is therefore the true 'substance' behind appearances). For Schopenhauer, scientific concepts such as space, time, and causality apply only in appearance, imposing order on the world of appearance (or the 'veil of Maya' – the term Schopenhauer borrowed from oriental mysticism). Behind this veil the will takes its endless, unknowable, and unsatisfiable course. Hegel, by contrast, developed Fichte's idea of the known as 'posited' by the knower. He tried to show that the objective reference justified in the transcendental deduction is but the first stage in an expanding process of self-knowledge. Mind (*Geist*) comes to know itself through the positing of an ever more complex world. Hegel described this process as 'dialectical', meaning not to bury but to praise it. He believed that Kant's first *Critique* had displayed, not the errors of pure reason, but the dynamic process of conjecture and refutation whereby reason constantly negates its own advances, achieving from the ruin of partial knowledge an ever more complete, more 'absolute', picture of reality.

Kant would have rejected that return to the Leibnizian vision. 'The light dove,' he wrote, 'cleaving the air in her free flight, and feeling its resistance, might imagine that flight would be still easier in empty space' (A. 5, B. 8). Thus he dismissed as insubstantial any pretence to an absolute form of knowledge, which seeks to soar above the resistant medium of experience. The notion of a transcendental object is misunderstood when considered as referring to a real thing. The idea is posited only as a 'point of view' (A. 681, B. 710), in order to make clear that 'the principles of pure understanding can apply only to objects of the senses . . . never to things in general without regard to the mode in which we are able to apprehend them' (A. 246, B. 303). There is no description of the world that can free itself from the reference to experience. Although the world that we know is not our creation, nor merely a synopsis of our perspective, it cannot be known except from the point of view that is ours. All attempts to break through the limits imposed by experience end in self-contradiction, and, although we may have intimations of a 'transcendental' knowledge, that knowledge can never be ours. These intimations are confined to moral life and aesthetic experience, and, while they tell us, in a sense, what we really are, they can be translated into words only to speak unintelligibly. Philosophy, which describes the limits of knowledge, is always tempted to transcend them. But Kant's final advice to it is that given in the last sentence of Wittgenstein's *Tractatus Logico-Philosophicus*: That whereof we cannot speak, we must consign to silence.

# Further reading

## Writings by Kant

The standard edition of Kant's works is published by the Deutsche Akademie der Wissenschaften, as *Kants gesammelte Schriften* (Berlin, 1900– ). It is now the general practice to include the page numbers of this edition in the margins of English translations. Hence, where practical, my page references are to the standard German text. However, until recently, there has been no attempt at a systematic English edition of Kant's works, and many of the writings are still most conveniently obtainable in editions that make no reference to the German pagination. In these cases I have indicated in the list of abbreviations at the beginning of this book which edition I have used.

The enterprise of providing authoritative and scholarly translations of Kant's works has been undertaken by Paul Guyer and Allen Wood, as general editors of the *Cambridge Edition of the Works of Immanuel Kant* (Cambridge, 1993– ), which is destined to be the standard English edition. Guyer and Wood have themselves translated the first *Critique* for this edition, though the excellent translation by Norman Kemp Smith (London, 1929) remains the source most frequently used. Both translations contain marginal references to the page numbering of the original first and second editions (A and B). The volume of the Cambridge Edition entitled *Practical Philosophy*, translated by Mary

Gregor, contains most of Kant's moral and political works in an accurate translation. There is also a good translation of the *Critique of Practical Reason* and the *Groundwork of the Metaphysic of Morals* by L. W. Beck, in his *Kant's Critique of Practical Reason and Other Writings in Moral Philosophy* (Chicago, 1949). Translations of the *Critique of Judgement* have been less successful. The one now most frequently referred to is that by W. Pluhar (Hackett, Indianapolis, 1987), though the previous standard edition (tr. J. C. Meredith, Oxford 1928) is still usable. Such problems as these translations present are due more to Kant than to the translators. The first part of the *Metaphysics of Morals* is available in a translation by John Ladd as *Metaphysical Elements of Justice* (second edition, Indianapolis, 1999), while the whole work is contained in Mary Gregor's volume. Ladd rearranges Kant's text, for reasons both editorial and philosophical. Other works on political philosophy can be found in Hans Reiss (ed.), *Kant: Political Writings*, tr. H. B. Nisbet (Cambridge, 1970).



Kant's writings on theology, including *Religion within the Limits of Reason Alone* (translated as *Religion within the Boundaries of Mere Reason*) are contained in *Kant: Religion and Rational Theology*, tr. and ed. Allen Wood and George di Giovanni (Cambridge, 1996 (part of the Cambridge Edition)).

There is no adequate selection in English from Kant's voluminous writings. The student cannot avoid jumping in at the deep end, with the *Critique of Pure Reason*.

## Writings about Kant

The few biographies of Kant make unexciting reading. The fullest, although not the most accurate, is that of J. H. W. Stuckenberg, *The Life of Immanuel Kant* (London, 1882). That by Ernst Cassirer, entitled *Kant's Life and Thought* (New Haven, 1981), casts considerable light on Kant's philosophical development.

Commentaries are legion. A growing interest in Kant among English-speaking philosophers has led to many works of high quality and lucidity. That by P. F. Strawson, *The Bounds of Sense* (London, 1966), contains a thorough exposition, and partial defence, of the argument of the first *Critique*, in its 'objective' interpretation. The 'subjective' rejoinder from Ralph Walker (*Kant*, in the series 'Arguments of the Philosophers', London, 1979), is clear and scholarly, although rather less persuasive. Those interested in a vigorous empiricist interpretation will enjoy Jonathan Bennett's two commentaries, *Kant's Analytic* (Cambridge, 1966) and *Kant's Dialectic* (Cambridge, 1974). The best short introduction in English remains that of A. C. Ewing (London, 1938) entitled *A Short Commentary on Kant's Critique of Pure Reason*. More recent work has made a conscientious attempt to remain true to Kant's own intellectual concerns, and has therefore avoided reading the controversies of contemporary academic philosophy into his often obscure arguments. Exemplary in this respect are H. E. Allison, *Kant's Transcendental Idealism: An Interpretation and Defense* (New Haven, 1983), and Sebastian Gardner, *Kant and the Critique of Pure Reason* (London, 1999). Neither the second nor the third *Critique* has received commentary of the same quality. On the ethics I recommend H. J. Paton, *The Categorical Imperative* (London, 1947), R. B. Sullivan, *Immanuel Kant's Moral Theory* (Cambridge, 1989), and C. M. Korsgaard, *Creating the Kingdom of Ends* (Cambridge, 1996). On the aesthetics there is much to be gained from Donald W. Crawford, *Kant's Aesthetic Theory* (Wisconsin, 1974), and Paul Guyer, *Kant and the Claims of Taste* (Cambridge, Mass., 1979). Kant's political theory has been comprehensively summarized by Howard Williams in *Kant's Political Philosophy* (Oxford, 1983), and aspects of it treated in depth in Howard Williams (ed.), *Essays on Kant's Political Philosophy* (Cardiff, 1992).

## “牛津通识读本”已出书目

古典哲学的趣味
人生的意义
文学理论入门
大众经济学
历史之源
设计，无处不在
生活中的心理学
政治的历史与边界
哲学的思与惑
资本主义
美国总统制
海德格尔
我们时代的伦理学
卡夫卡是谁
考古学的过去与未来
天文学简史
社会学的意识
康德
尼采
亚里士多德的世界
西方艺术新论
全球化面面观
简明逻辑学
法哲学：价值与事实
政治哲学与幸福根基
选择理论
后殖民主义与世界格局

福柯
缤纷的语言学
达达和超现实主义
佛学概论
维特根斯坦与哲学
科学哲学
印度哲学祛魅
克尔凯郭尔
科学革命
广告
数学
叔本华
笛卡尔
基督教神学
犹太人与犹太教
现代日本
罗兰·巴特
马基雅维里
全球经济史
进化
性存在
量子理论
牛顿新传
国际移民
哈贝马斯
医学伦理
黑格尔

地球
记忆
法律
中国文学
托克维尔
休谟
分子
法国大革命
民族主义
科幻作品
罗素
美国政党与选举
美国最高法院
纪录片
大萧条与罗斯福新政
领导力
无神论
罗马共和国
美国国会
民主
英格兰文学
现代主义
网络
自闭症
德里达
浪漫主义
批判理论

德国文学
戏剧
腐败
医事法
癌症
植物
法语文学
微观经济学
湖泊
拜占庭
司法心理学
发展
农业
特洛伊战争
巴比伦尼亚
河流
战争与技术
品牌学
数学简史
物理学
行为经济学
计算机科学
儒家思想
未来
基因
恒星
儿童心理学
时装
现代拉丁美洲文学
卢梭
隐私
电影音乐
抑郁症
传染病
希腊化时代
知识
环境伦理学
美国革命
元素周期表
人口学
社会心理学
动物
项目管理
美学
管理学
卫星
国际法
计算机
亚当·斯密
代数
天体生物学
电影
俄罗斯文学
古典文学
大数据
洛克
幸福
免疫系统
银行学
景观设计学
神圣罗马帝国
大流行病
亚历山大大帝
气候
第二次世界大战
中世纪
工业革命
传记
公共管理
社会语言学
物质
学习
化学
天体物理学
意大利文学
海洋生物学